Um diário de 90 dias de tempo a sós com Deus

A hora *mais* IMPORTANTE

por

Buck Jacobs

Publicações Pão Diário

Originally published in English under the title
The most important hour — A 90-day quiet time journal,
by Buck Jacobs
Copyright © 2020 — The C12 Group, EUA.
All rights reserved.
Para esta edição no Brasil, Copyright © 2022 — C12 Brasil Ltda.

Coordenação editorial: Adolfo A. Hickmann
Tradução: Cláudio F. Chagas
Revisão: Sérgio Damiani
Projeto gráfico e diagramação: Leila Maria dos Santos
Capa: Audrey Novac Ribeiro

Dados Internacionais de Catalogação na Publicação (CIP)

JACOBS, Buck
A hora mais importante — Um diário de 90 dias de tempo a sós com Deus
Tradução: Cláudio F. Chagas — Curitiba/PR, Publicações Pão Diário
Título original: *The most important hour — A 90-day quiet time journal*
1. Vida cristã   2. Devocional   3. Teologia prática   4. Ministério cristão

Proibida a reprodução total ou parcial, sem prévia autorização, por escrito, da editora.

Todos os direitos reservados e protegidos pela Lei 9.610, de 19/02/1998.
Pedidos de permissão para reprodução: permissao@paodiario.org

Exceto quando indicado no texto, os trechos bíblicos mencionados são da edição Nova Versão Internacional (NVI). © 2011 Sociedade Bíblica Internacional.

Publicações Pão Diário
Caixa Postal 4190,
82501-970 Curitiba/PR, Brasil
publicacoes@paodiario.org
www.publicacoespaodiario.com.br
Telefone: (41) 3257-4028

Código: ZC937
ISBN: 978-65-5350-213-0

1.ª edição: 2022

Impresso no Brasil

Introdução

Buck Jacobs é uma grande referência para mim. Na verdade, é mais que uma referência, é um grande amigo, a quem admiro profundamente. No momento da vida em que muitas pessoas pensam em parar, descansar e, finalmente, se "aposentar", Buck respondia ao que Deus estava lhe chamando para fazer, aos 54 anos de idade: criar uma organização que pudesse ampliar o exercício do ministério no mercado de trabalho, de forma profissional, focada e cristocêntrica. Assim, em 1992, em Tampa (Flórida), nascia o *The C12 Group*. Mal sabia eu, que, quase 30 anos depois, a minha vida seria completamente transformada, ao iniciar e liderar o C12 no Brasil.

O C12 é um Fórum de CEOs e Empresários Cristãos que se reúne mensalmente para aperfeiçoar suas empresas e integrar fé e negócios. É resultado da experiência prática que Buck teve, ao conduzir uma empresa com valores e princípios cristãos, cuidando de pessoas, crescendo de forma sustentável e lucrativa, e gerando frutos eternos. O grande objetivo da empresa era fazer negócios de uma maneira que honrasse a Deus e que no final pudessem ouvir "servo bom e fiel!".

Tudo isso só foi possível devido a disciplina que Buck desenvolveu de passar sua primeira hora do dia com Deus! A essa hora ele chamou de "A Hora Mais Importante", que é justamente o título deste livro e ao que ele se refere como seu maior legado.

Eu e minha esposa Lilia tivemos o prazer de passar alguns dias na casa de Buck e sua esposa Bonnie em março de 2022, no estado da Georgia (EUA), onde pudemos sentar lado a lado e passarmos a hora mais importante juntos! Já tínhamos essa disciplina diária e compartilhamos da mesma visão de dedicar a primeira hora do dia a Deus, mas, passar este tempo juntos com o Buck e a Bonnie durante a hora mais importante, foi algo especial e estará em nossa memória para sempre.

Como o Buck diz: "Deus te dará tudo o que você precisa, para fazer tudo aquilo que Ele te chamou para fazer!". E passar a hora mais importante com Ele, estabelecendo este amplo canal de comunicação, te mostrará exatamente o que Ele está te chamando para fazer! Esse tempo a sós com Deus é uma conexão preciosa, e, a meu ver, essencial, que todo cristão deveria ansiar por ter.

Em Cristo,

Sérgio Damiani
C12 Brasil
www.c12brasil.com.br

Conteúdo

Prefácio 06

Junte-se a Mim na Minha Jornada 09

Diretrizes Para a Hora Mais Importante 13

As Prioridades São o Que Fazemos. Tudo Mais é Apenas Conversa. 19

Dias 1–30 22

Permanecendo em Cristo 82

Dias 31–60 84

Um Embaixador? Eu?.. 144

Dias 61–90 146

Uma Bifurcação na Nossa Estrada 206

Leituras Sugeridas 207

Biografia de Buck Jacobs 209

Testemunhos 210

Prefácio

Ao escrever esta introdução, imagino sentir-me semelhante a Bilbo Bolseiro, o personagem principal de O Hobbit, quando se sentou para narrar suas aventuras em Lá e de volta outra vez. Muita coisa aconteceu nos mais de 25 anos que se passaram desde que conheci Buck Jacobs. Graças a Buck e ao C12, minha vida tomou uma direção significativamente diferente.

Em 1996, meu amigo Scott Hitchcock facilitou a apresentação após eu compartilhar com ele que estava procurando crescer em minha fé e sentia que Deus estava me chamando para me aprofundar nele. Buck foi me encontrar nas nossas instalações corporativas, que já estavam insuficientes para o nosso tamanho. Como resultado, não tínhamos salas disponíveis para nos reunirmos. Colocamos algumas mesas de piquenique no gramado da frente, tendo de acorrentá-las para que não fossem roubadas após sairmos para trabalhar. Buck e eu nos sentamos numa delas sob um bosque de carvalhos, para nos proteger do sol da Flórida. Não tivemos a mesma sorte em afastar os esquilos corajosos que tentavam roubar a nossa comida. Enquanto Buck e eu ríamos, tentando espantar nossos convidados indesejados, ele não perdeu o foco, perguntando-me sobre a minha vida e a minha fé, e o que eu esperava obter ingressando no C12.

Eu estava passando por um divórcio e, naquele momento, Buck foi um dos poucos que falou a verdade bíblica para mim, compartilhando com base em sua própria experiência pessoal. Fiquei impressionado por Buck estar mais interessado no melhor de Deus para a minha vida do que em me "vender" o C12. Percebi que Buck era um tipo de cristão diferente do que eu conhecia e quis descobrir de que se tratava aquilo. Eu fui criado com pouca compreensão da Bíblia — ou, a bem da verdade, de qualquer outra coisa "cristã" —, mas, agora, Deus havia me pescado. Mal sabia eu que estava prestes a começar uma aventura que não terá fim enquanto eu não estiver em casa com o Senhor.

Minha primeira reunião do C12 me chocou; eu nunca tinha experimentado algo parecido. Eu ficava perdido quando os outros citavam as Escrituras enquanto discutíamos questões. A prestação de contas no grupo era alta; Buck foi implacável em seu "incentivo" para que começássemos cada dia com um tempo de devocional matinal e déssemos nossos primeiros frutos ao Senhor.

Eu não tinha muita certeza do que fazer, então comecei acordando 30 minutos mais cedo, às 6:15, para ler a Bíblia e escrever os meus pensamentos em um diário. Meus primeiros registros refletem meus pensamentos acerca de Deus a partir dos versículos que li. Ao longo do caminho, descobri que o Deus do universo desejava um relacionamento pessoal comigo. De repente, meu "tempo de silêncio" nas Escrituras e em oração começou a ganhar vida. Gradualmente, meu registro diário mudou dos meus pensamentos acerca de Deus para diálogos com Ele, aprendendo a ouvir a Sua voz a partir do Seu Espírito que habita em mim. À medida que a minha fé aumentou, comecei a ler e aprender com outros grandes cristãos, incluindo Henry Blackaby, que disse profundamente: "Se o Deus do universo tem algo a dizer a você, você pensa ser suficientemente importante anotar?".

Aquela afirmação, juntamente com o infindável incentivo de Buck para eu permanecer fiel ao meu tempo de devocional matinal, mudou radicalmente minha experiência com Deus. Ao continuar minha jornada, aprendi que meu tempo de devocional matinal não era o fim da minha caminhada diária com Deus, e sim o início. O Deus do universo sabe tudo que enfrentaremos a cada dia, e o nosso tempo de devocional matinal é o nosso tempo focado na Palavra, enquanto no resto do dia andamos no Espírito enquanto Ele direciona cada passo em nosso caminho.

Em 2003, para minha surpresa, Buck me ligou perguntando se eu consideraria entrar para o Conselho de Administração do C12. Minha reação inicial foi semelhante à de Moisés quando Deus lhe deu a tarefa de libertar os israelitas: "Acho que você está falando com a pessoa errada!". Após eu orar concentrado, o Pai confirmou que eu deveria me juntar a um grupo de líderes com pensamentos semelhantes, usados por Deus para o crescimento do C12, o qual se tornou a maior rede de Grupos de CEOs e Empresários Cristãos dos EUA. Graças ao amor de Deus e ao coração obediente de Buck, uma pedra angular em nosso desenvolvimento tem sido o compromisso constante e disciplinado com o tempo devocional e o registro no diário que molda os nossos modelos de negócio e governança.

Hoje, mais de 25 anos depois de começar a minha jornada, estou no meu 48º diário. Cada página está repleta de conversas com o Pai, registros de revelações sobrenaturais, e milagres na minha vida e na de outras pessoas com quem eu caminho.

Algo que comecei há alguns anos é revisar os meus diários mais ou menos a cada seis meses e destacar e colocar abas nas páginas que contém orações respondidas, revelações divinas, milagres registrados e outros eventos importantes da minha jornada. Assim, o que começou como um simples ato de fé e obediência se tornou uma história rica e pessoal, registrada para meus filhos e netos lerem depois que eu passar para a eternidade. A minha experiência com o C12 e o tempo que passei com Buck tiveram um impacto imensurável na minha vida, na vida de meus filhos e na de muitas outras pessoas com quem compartilhei a importância do tempo devocional e do registro diário. Ao ler este livro, que você possa ser incentivado a começar a escrever a sua própria história do Hobbit — lá e de volta outra vez.

Bênçãos,

David Dunkel
Presidente e CEO da Kforce
(NASDAQ — KFRC)

Junte-se a Mim na Minha Jornada

Junte-se a mim em uma jornada emocionante, que começou em 18 de novembro de 1973, à beira de uma piscina em Los Angeles, na Califórnia, e continua até hoje. Eu tinha 35 anos e estava esgotado quando tudo começou. Eu havia experimentado tudo que a cultura me dissera que traria felicidade e realização, mas não estava feliz ou realizado. O sucesso, tanto profissional quanto financeiro, não me satisfez. Nem dois casamentos fracassados, várias novas casas, carros, armários cheios de ternos chiques ou joias caras. Nem mesmo um *handicap* de quatro no campo de golfe me proporcionou realização. Eu estava infeliz, azedo, cínico e desencantado da vida.

O dia 18 de novembro foi um sábado. Fui à piscina do meu apartamento tomar um pouco de sol e entrei em uma cadeia de eventos que mudou a minha vida, incluindo um encontro com um homem muito incomum que me disse que eu precisava de Deus em minha vida. Você pode ler a história completa em meu livro *I, radical* (Eu, radical), mas a conclusão é que no dia seguinte, enquanto assistia pela televisão ao culto de uma igreja, ouvi o evangelho pela primeira vez e entreguei a minha vida a Jesus Cristo. Pedi a ele que perdoasse o meu pecado. Disse-lhe que, se Ele fosse real, poderia ter a minha vida. De fato, Ele poderia fazer o que quisesse com o resto dela.

Se você teve uma experiência semelhante com Jesus, sabe o que quero dizer quando digo que foi sobrenatural. Não sei explicar, mas experimentei algo como um novo nascimento. Eu estava sozinho quando tudo aconteceu, e fiquei sentado quieto me perguntando o que deveria fazer a seguir. Devo me tornar membro de uma igreja? Qual delas? Preciso comprar uma Bíblia? Onde faço isso? Eu não sabia coisa alguma acerca de ser cristão ou ir de à igreja; isso não fizera parte da minha vida familiar. Nós éramos agnósticos. A Segunda Guerra Mundial levara meu pai a duvidar da existência de Deus, então nós não tínhamos uma Bíblia, nem íamos à igreja.

Eu não tinha a mínima ideia do que fazer em seguida, então desci para a piscina pensando que talvez encontrasse o homem novamente ou alguém com quem conversar. Fiquei ali durante a maior parte do dia, mas ninguém apareceu. Minha esposa, Bonnie, chegou tarde em casa, mas eu não sabia o que dizer, então não disse coisa alguma.

Na noite seguinte, no jantar, eu tinha de dizer alguma coisa. Fiquei hesitando e, finalmente, tentei contar a ela o que havia acontecido comigo. Enquanto conversávamos, lembrei-me de meu velho amigo Bob. Ele era a única pessoa em quem eu conseguia pensar para falar sobre todas essas coisas de Deus e Jesus. Porém, anos haviam se passado. Nós crescemos juntos em Chicago e ele foi o meu melhor amigo até eu o repelir quando ele tentou me falar sobre Deus. Sua ideia de fé em Deus parecia ser baseada em uma lista de regras estraga-prazeres. A única coisa que eu não podia negar, porém, era a mudança positiva que eu havia testemunhado em sua vida e seu casamento.

Naquele exato momento, meu telefone tocou e eu atendi. "Buck? Aqui é o Bob. Como vai?" Quando ouvi a voz de Bob, comecei a chorar. Eu nunca chorava; o que estava acontecendo? Os únicos que sabiam que eu queria falar com Bob eram Deus e, agora, Bonnie. "Quando você vem a Chicago de novo?" — Bob perguntou. "Não posso ir a Chicago, Bob. Estou falido." As palavras me chocaram. Eu nunca teria admitido aquilo, nem mesmo para Bob. "Sem problemas. Vou te enviar uma passagem. Eu entreguei o meu negócio a Cristo cerca de um ano atrás e tenho alguns produtos realmente empolgantes sendo finalizados. Preciso de alguém para montar uma equipe forte de vendas e marketing. Eu gostaria de conversar com você a respeito." Eu não sabia, mas a minha nova jornada acelerara a toda velocidade. "Você entregou o seu negócio a Jesus?" — perguntei. "Sim, quero demonstrar que podemos viver a nossa vida segundo a Bíblia e ser bem-sucedidos nos negócios e também na fé." "Bob, eu entreguei a minha vida a Jesus ontem!" Engasguei. "Uau, Holly e eu oramos por você todas as noites há quatro anos! Venha para cá. Nós temos de conversar."

Alguns dias depois, voei para Chicago para visitar Bob e sua equipe. Foi uma adaptação fácil para todos nós. Dentro de três semanas, Bonnie e eu nos mudamos para Chicago para nos juntarmos a eles.

Entrei na empresa e uma das primeiras coisas que Bob me pediu para fazer foi liderar a equipe para criar um plano estratégico de negócios, incluindo uma declaração de missão. Eu amei aquilo. Planejamento estratégico em torno de declarações de missão fortes havia sido uma das minhas especialidades, e eu acreditava e ainda acredito fortemente no processo. Começamos nos perguntando "Como seria o negócio e como tomaríamos as nossas decisões se Deus fosse o Dono e o Presidente do Conselho?" Nenhum de nós era um cristão maduro ou fluente nas Escrituras, mas orávamos juntos e mantínhamos as nossas Bíblias abertas enquanto lidávamos com as questões éticas e filosóficas de visão e propósito. Que grande momento tivemos quando a nossa declaração de missão se consolidou: "Este negócio existe para glorificar a Deus e fazer negócios de uma maneira que permita que Seu Filho, Jesus Cristo, diga 'Muito bem, servos bons e fiéis'". Estávamos muito empolgados! Discutimos as etapas de ações estratégicas e táticas. Então, chegou o momento de trabalhar e fazer aquilo acontecer.

Bob e eu trabalhamos juntos durante 10 anos naquele negócio, The S.H. Mack & Co., e foi espetacular. Deus nos guiou no que, mais tarde, Bob chamou de "o grande experimento". O negócio cresceu dez vezes em sete anos e se expandiu do marketing primariamente voltado a apenas uma região dos EUA para uma operação internacional. Novamente, você pode ler mais sobre isso em *I, Radical*.

Com o passar dos anos, percebi que poucos cristãos tinham a perspectiva eterna para seu trabalho diário, e comecei a desejar compartilhar nossas experiências com os outros. Comecei a falar ocasionalmente em estudos bíblicos e almoços, mas o tempo era curto e o caminho não estava claro.

Vendemos a empresa para uma grande corporação multinacional, e minha família e eu nos mudamos para a Flórida, onde me conectei à *Fellowship of Companies for Christ International* (Comunhão Internacional de Empresas para Cristo, em tradução livre). Eles estavam apenas iniciando o seu ministério de campo para pequenos grupos, então poderíamos dizer que nós, da Mack Co., fomos membros fundadores da FCCI. Muito do que vivenciei trabalhando com Bob se aplicava ao que a FCCI tinha em mente, e logo me vi trabalhando com eles como diretor nacional de treinamento. Comecei a ajudá-los a treinar líderes de grupos voluntários, desenvolver materiais de estudo, e iniciar pequenos grupos de CEOs e empresários cristãos. Mais uma vez, amei o trabalho, e o ministério se expandiu rapidamente pelo país. Trabalhei diretamente com membros e também líderes de grupos. Uma empolgação palpável enchia o ar. Parecia que Deus estivera me preparando para aquilo durante toda a minha vida. A jornada continuou.

Então, certo dia, enquanto eu estava sentado no *deck* da piscina pensando no trabalho, Deus falou comigo. Foi uma voz mansa e suave que disse "Se você quer ser eficaz na vida dos outros, Eu quero que você passe comigo a primeira hora de cada dia". Eu sabia que era o Senhor e sabia exatamente do que Ele estava falando: tempo devocional a sós com Ele. Eu havia ouvido e lido muitas mensagens referentes ao valor de dedicar tempo diário as Escrituras, oração e meditação. Eu havia lido as afirmações da disciplina da "primeira hora com Deus" nas biografias de grandes cristãos, especialmente de pioneiros espirituais como Hudson Taylor, Martinho Lutero, George Müeller, Amy Carmichael, Elisabeth Elliott e muitos outros. Eles testemunharam coletivamente o valor de um tempo de silêncio com Deus na primeira hora. Eu havia tentado várias vezes, mas não conseguira manter o hábito como parte da minha rotina diária. Por natureza, eu não sou uma pessoa matinal, mas a voz mansa e suave que conhecia a minha natureza ainda me chamava a começar uma nova fase da minha jornada. Comprometi-me a começar na manhã seguinte.

Esqueci-me de que estaria na cidade de Sarasota para liderar um retiro ministerial estratégico para uma empresa membro do C12. Minha família estava viajando comigo e dividíamos um apartamento de um cômodo com uma cama e um sofá-cama. Minha jornada me chamava a acordar às 6:00 horas, para poder estar no café da manhã com a nossa equipe de membros às 7:30. Como eu poderia ter um tempo de silêncio sem incomodar minha esposa e duas meninas pré-adolescentes em um espaço compartilhado? Quando coloquei o despertador para as seis, orei "Senhor, seria ótimo se Tu me acordasses antes de o despertador tocar, para eu não incomodar as meninas". Virei-me e dormi. A próxima vez em que abri meus olhos foi às 5:59 da manhã. Com o que parecia ser um raio de energia, desliguei o alarme, peguei minha Bíblia e meu caderno e entrei no banheiro. Não era o lugar mais confortável, nem o mais espiritual, mas eu manteria a minha palavra ao Pai. Sentei-me no chão e orei durante um momento; então, abri a Bíblia. Naquele banheiro, dei início ao hábito mais útil e transformador da vida. Isso aconteceu mais de 30 anos atrás e hoje é o fundamento que sustenta a minha vida em Cristo. Sem ele, o C12 nunca haveria surgido.

Durante o primeiro ano dos meus tempos de devocional a sós com Deus, não perdi um único dia. Aquilo se tornou o coração da minha jornada. O Senhor me ensinou dois conceitos fundamentais que permitiram ao hábito permanecer e trouxeram significado às minhas manhãs com Ele. Esses dois conceitos ajudaram milhares de cristãos a ter uma prática constante, e transformadora da vida, de tempo devocional diário:
1. Faça com que o seu tempo a sós com Deus seja inegociável.
2. Registre a sua jornada diariamente. Eis aqui como isso funciona.

Diretrizes Para a Hora Mais Importante

O primeiro passo é **fazer com que o seu tempo devocional seja inegociável**. Essa é a questão crítica, a chave. Viva um dia de 23 horas, dando a primeira hora a Deus. Nunca negocie com outra pessoa o tempo de Deus, especialmente com o diabo! Nós calculamos o horário de acordar com base nas necessidades do dia: tomar banho, vestir-se, tomar café da manhã, ir ao aeroporto ou ao escritório. Viva da maneira programada como sempre viveu; basta fazer o seu alarme tocar uma hora mais cedo e passá-la com o seu Senhor e Salvador. Isso funciona!

Negociação, porém, nunca funciona. A mentira que o diabo nos conta é que estaremos mais cansados no fim do dia se acordarmos uma hora mais cedo. Não é verdade! Como você mensura o cansaço? Cansado é cansado. Quer nos levantemos às 5:00, 6:00 ou 7:00 da manhã, estaremos cansados no fim do dia. Pessoas trabalhadoras focadas vivem a todo vapor e vão para a cama cansadas, independentemente da hora em que acordam. Não acredite na mentira do cansaço! Você nunca se arrependerá de passar uma hora com o seu Criador.

Pegue uma xícara de café, se quiser, vá para um lugar tranquilo onde não seja incomodado, e relaxe. Diga em sua mente "Deus, esta é a Tua hora. Eu quero passá-la contigo. Mostra-me o que fazer." Eu garanto a você que Ele assumirá o controle, porque quer que nós o conheçamos intimamente como Pai. Um dos meus versículos bíblicos favoritos de todos os tempos é "Pois os olhos do Senhor estão atentos sobre toda a terra para fortalecer aqueles que lhe dedicam totalmente o coração" (2 Crônicas 16:9). Diga ao Pai "Eu quero ter um coração leal como esse". Entre na jornada.

Você poderá se perguntar "O que eu faço durante uma hora inteira?" Bem, o que eu faço é pegar uma caneta e um diário.

O segundo passo é registrar a sua jornada. Eu creio que escrever os meus pensamentos ao longo do meu tempo devocional ou resumi-los no fim, cria estrutura e uma medida de prestação de contas. Vinte anos atrás, eu registrava tudo em papel pautado e guardava em um fichário. Alguns anos atrás, um amigo me apresentou o "Day One", um aplicativo de diário. Após algumas tentativas, passei a usá-lo e sou digital desde então.

Como viajo muito, não carrego mais meu fichário, Bíblia e outros materiais de leitura. Levo meu iPad, que contém meu diário *Day One*, dois aplicativos de estudo bíblico, Kindle e Evernote. Sim, eu sinto falta da sensação da minha Bíblia encadernada em couro e de escrever no meu diário, mas as vantagens de ter tanta informação e recursos tão vastos a apenas um clique de distância me conquistaram. Tanto faz se você prefere o prazer tátil de uma caneta e papel ou a conveniência da tecnologia. O importante é escolher uma maneira e começar. (Você pode alterar o seu método mais tarde, se quiser.) Veja como funciona para mim.

Eu divido a minha hora em partes distintas. Sem ser legalista, descobri que trabalho melhor com uma estrutura, que tem o benefício adicional da prestação de contas.

Primeiramente, registro meu peso e exercícios do dia anterior. Quarenta anos atrás, eu estava 18 quilos mais pesado do que hoje e em péssima forma. Percebi que, se nada mudasse, eu seria um velho decrépito antes de a minha filha mais nova se formar no ensino médio. Essa percepção não foi empolgante, para dizer o mínimo. Resolvi fazer algo a respeito e iniciei uma mudança para um estilo de vida de dieta e exercícios, que mantenho até hoje. Descobri que a disciplina do registro diário me ajuda com a disciplina de cuidar da minha saúde física. Poderá ajudar você também.

Antes de iniciar a minha leitura, registro e enumero as minhas bênçãos. Faço uma pausa para refletir sobre as minhas 24 horas anteriores: Pelo que sou grato a Deus? Começo escrevendo "Obrigado, Pai, por..." e elenco o que quer que me venha à mente acerca do dia anterior. Meu hábito de gratidão começou espontaneamente no dia em que comecei a registrar no diário, porque quero sempre incentivar uma "atitude de gratidão". Se deixo de refletir sobre as coisas boas que Deus traz a mim, esqueço-as facilmente. A consciência das minhas bênçãos resultou na minha última inscrição: Bênção nº 11.339! Esse hábito saudável fornece uma base útil para o resto do meu tempo devocional e inicia o meu dia com o pé direito.

Depois, leio e registro as minhas passagens bíblicas selecionadas para o dia. Todos os dias, leio dois capítulos da Bíblia. Por querer estar em sintonia com a voz de Jesus, um capítulo é sempre dos Evangelhos. O outro é de outro livro da Bíblia. Lentamente, não apenas me apressando ao longo das páginas, leio e pergunto ao Senhor "O que há aqui para mim?". Nem sempre vejo algo específico em cada verso, mas quase sempre tenho uma impressão ou um pensamento que se aplica a algo por que estou passando ou a algo em que preciso pensar. Peço ao Espírito Santo que me guie e me ajude a colher aquilo de que preciso. Não há foguetes e arrepios todos os dias, mas, ao longo do tempo, a exposição meditativa à Palavra de Deus produz um efeito cumulativo que não sou capaz de mensurar. Deus usa a Sua Palavra de maneiras que eu não consigo prever.

Minha caminhada espiritual inclui também a leitura de um capítulo de um livro que não seja a Bíblia. Os temas variam: aperfeiçoamento de habilidades de negócios, aprimoramento do conhecimento teológico, desenvolvimento de uma vida espiritual, capacitação de liderança cristã eficaz no mercado, e outros. Escolho livros que me ajudam a desenvolver as minhas habilidades de negócios por meio de princípios bíblicos ou a minha compreensão de organização ou desenvolvimento espiritual pessoal. Como líder, sempre precisarei das duas coisas. Eu realmente acredito que Deus me chamou para os negócios; então, meus estudos me preparam para manter-me atualizado em princípios de negócios baseados na Bíblia. Nunca podemos dar aos outros o que nós mesmos não temos. Livros de crescimento espiritual escritos pelos grandes heróis de nossa fé (como Hudson Taylor, Madre Teresa, A.W. Tozer e Andrew Murray) são os meus favoritos. Escolha o seu. (Incluí uma lista de leituras sugeridas como apêndice deste livro.)

A última coisa que faço em meu diário todos os dias é escrever uma carta pessoal ao Pai, a Jesus ou ao Espírito Santo. Eles são Um, então estou aprendendo a me dirigir a qualquer um deles e acredito estar falando a todos eles. Escrevo o que quer que esteja em meu coração que eu queira dizer, perguntar ou confessar. Simplesmente exponho tudo. Às vezes, estou pedindo direção em um relacionamento ou orientação em uma decisão de negócios. Posso sentir-me levado a fazer uma pergunta específica e, depois, sentar-me em silêncio e ver se consigo discernir uma resposta. Quando faço isso, coloco entre parênteses o que penso que o Senhor diz, para poder voltar e verificar aquilo em Sua Palavra escrita ou buscar o conselho de amigos. Acredito que o nosso Pai quer que a nossa comunicação seja bilateral, não apenas nós falando a Ele, mas também Ele falando a nós. Tento ser cuidadoso ao citá-lo ou sugerir "Deus me disse isso" enquanto o que estou dizendo não for testado frente às Escrituras. Se consigo ver aquilo claramente na Sua Palavra, é fácil. Porém, se não estiver claro (como se fosse algo do tipo "Iniciar o C12"), dedico tempo e oração àquilo. A verdadeira oração com comunicação bidirecional, falando e ouvindo, é a maneira de cultivarmos intimidade com Deus e aprendermos a Sua voz.

No fim do meu tempo devocional, escrevi aproximadamente uma página em meu diário. Esses dois conceitos — tornar inegociável o tempo de silêncio e registrar a jornada — são os pilares gêmeos que Deus usou para me nutrir quando me chamou para iniciar e liderar o C12. Sem essa disciplina diária, o C12 não existiria — pelo menos, não tendo a mim como fundador. Foi sentando-me com Deus a cada manhã que aprendi como aplicar os talentos que Ele me deu para cumprir o destino que Ele planejou para mim desde antes da fundação do mundo (Efésios 2:10). Ele fará o mesmo por você.

Aqui vai uma dica bônus: Nas manhãs de sábado, costumo ter um pouco de tempo extra e o uso para revisar os meus registros da semana. Dedico um minuto para olhar para trás e perceber: "Uau, Ele fez isso!" Frequentemente, fico estarrecido como já esqueci o que Deus fez em minha vida ou como Ele respondeu a uma pergunta que fiz.

Então, esse é o meu "roteiro" para um bem-sucedido tempo devocional diário. Ele funciona toda vez que é tentado com sinceridade.

Anos atrás, ensinei essas mesmas táticas em um seminário chamado "Dois passos para a sua hora mais poderosa". Ao final do seminário, propus um desafio: Experimente este método durante 90 dias. Se nada acontecer, entre em contato comigo para dizer "Buck, eu tentei, mas simplesmente não funcionou para mim. Deus não se tornou mais real para mim: não tenho uma noção mais clara do Seu plano para a minha vida e não penso que valha a pena o tempo e o esforço de continuar passando a primeira hora dessa maneira. Estou desistindo." Prometi não questionar tal decisão. Eu apenas responderia "Lamento muito ouvir isso" e providenciaria o pagamento de um fim de semana no resort de escolha da pessoa. Todas as despesas correriam por minha conta; a pessoa teria apenas de chegar lá. Prometi que confiaria na sua palavra como irmão ou irmã em Cristo, pagaria a conta e seguiria em frente. Fiz a mesma oferta a milhares de pessoas ao longo dos anos e a faço a você. A única coisa que lhe peço é que você siga o método e seja sincero. Tente. Você poderá se tornar o primeiro de milhares para quem eu terei de pagar um fim de semana em um resort.

Antes de encerrarmos, falemos um pouco sobre "por quê" construir intimidade com o Pai. Quais são os benefícios? Para começar, falemos sobre sucesso. Qual é a sua definição de sucesso? Que legado você está trabalhando para deixar? Como o mundo será diferente ou melhor porque você viveu como cristão? E, infinitamente mais importante, com Deus define sucesso? Como cristãos, estou certo de que podemos concordar que a nossa definição precisa estar alinhada com a de Deus. A sua está? E realmente importa se estiver ou não? Se Efésios 2:10 é verdadeiro — "Porque somos criação de Deus realizada em Cristo Jesus para fazermos boas obras, as quais Deus preparou de antemão para que nós as praticássemos" —, é importante entendermos o que são essas boas obras? Em caso afirmativo, como podemos saber que as estamos praticando?

As respostas a essas perguntas definem a jornada para a qual eu convidei você a participar — viver o mais próximo que nós, humanos, conseguimos do centro do "caminho estreito", a vontade e o plano de Deus para a nossa vida. Para fazer isso, precisamos cultivar duas coisas: a perspectiva eterna da vida, e a intimidade com Deus por meio da Sua Palavra e do ouvir a orientação do Seu Espírito.

Isso realmente importa? Sim. É uma questão de importância eterna. Todos sabem que temos uma única chance de viver. Não temos "mais uma chance". Poucas pessoas sabem que, no fim da "corrida que nos é proposta", haverá uma avaliação de desempenho para cada um de nós, realizada pelo nosso Senhor e Salvador. Ela acontecerá em um lugar chamado *bema*, ou tribunal de Cristo.

A Bíblia descreve isso em 2 Coríntios 5:10: "Pois TODOS nós devemos comparecer perante o tribunal de Cristo, para que CADA UM receba de acordo com as obras praticadas por meio do corpo, quer sejam boas quer sejam más" (ênfase minha). Ou em Romanos 14:12, que diz "Assim, cada um de nós prestará contas de si mesmo a Deus". Em Mateus 16:27, o próprio Jesus disse "Pois o Filho do homem virá na glória de seu Pai, com os seus anjos, e então recompensará a cada um de acordo com o que tenha feito". Isso é explicado em 1 Coríntios 3:11-15:

> Porque ninguém pode colocar outro alicerce além do que já está posto, que é Jesus Cristo. Se alguém constrói sobre esse alicerce, usando ouro, prata, pedras preciosas, madeira, feno ou palha, sua obra será mostrada, porque o Dia a trará à luz; pois será revelada pelo fogo, que provará a qualidade da obra de cada um. Se o que alguém construiu permanecer, esse receberá recompensa. Se o que alguém construiu se queimar, esse sofrerá prejuízo; contudo, será salvo como alguém que escapa através do fogo.

Isso não é um julgamento acerca da salvação, e sim uma avaliação do que fizemos com a dádiva gratuita da salvação.

Você sabia que Jesus nunca chama alguém para ser cristão "em tempo parcial"? Se você é seguidor de Cristo, está no ministério em tempo integral. Nós não somos salvos por obras, e sim para fazer boas obras para o reino de Deus. Todos os que passarem pelo tribunal de Cristo entrarão no céu — confiar em Jesus estabelece isso — mas nem todos receberão as mesmas recompensas. Todo aquele que chama Jesus de nosso Senhor é comissionado para ser Seu embaixador, para ir ao mundo fazer discípulos, ensinando-lhes tudo o que Ele nos ensinou (Mateus 28:19-20). Seu Espírito vem viver em nós como nosso guia e ajudador, e nos impele nessa direção.

Toda vida tem um contexto, uma capacidade e um círculo de influência que oferece oportunidades para representar Jesus. Ao vivermos em nossos diferentes contextos, as nossas escolhas de escutá-lo e obedecê-lo são os critérios das avaliações que Jesus faz de nós. Por nossa obediência, receberemos recompensas que estarão conosco eternamente. Não sabemos exatamente quais serão as recompensas, mas sabemos quem as concederá. E não fazemos essas obras para "ser recompensados". Nós as fazemos para retribuir o amor que recebemos e para continuar a obra que Jesus iniciou quando andou pelo planeta para nos mostrar o reino.

Eis a questão. Nós não temos de fazer coisa alguma. Jesus não forçou os Seus discípulos a se juntarem a Ele em Sua jornada pelo reino, nem precisava de que eles o fizessem. Ele os convidou. Ele também não nos força. Ele nos convida. Para quem entende, ainda que minimamente, do que Jesus os salvou e a que os convida, a oferta é irrecusável.

Para ajudá-lo a iniciar, seguem aqui três seções do formato de diário que recomendo. Cada seção começa com uma breve "Lição do Líder". Cada página do diário inclui um versículo que selecionei para você. Ao longo de muitos anos, esses versículos tiveram um significado especial para mim. Eles foram frequentemente usados para me indicar outros versículos que aprofundaram o seu significado e deram vivacidade ao meu estudo. Eu adoraria ouvir as suas perguntas e os seus comentários ao considerá-los.

Nas páginas anexas há espaço para as suas notas e cartas a Deus. Eu lhe dei total transparência com uma amostra do meu diário pessoal na próxima página, para ajudá-lo a sentir-se confortável para iniciar a conversação.

Agora é tempo de decisão. Você vai se juntar a mim nessa jornada? Eu provei tudo que de melhor este mundo oferece, e nada se compara a essa jornada com Jesus. Ele é indescritível e a vida nEle é a melhor vida. A passagem é gratuita. Apenas dê o seu braço a mim e caminhemos juntos com Ele durante 90 dias. Aposto que você amará fazê-lo. Avancemos para a Seção Um.

01

As Prioridades São o Que Fazemos. Tudo Mais é Apenas Conversa.

"Busquem, pois, em primeiro lugar o Reino de Deus e a sua justiça, e todas essas coisas lhes serão acrescentadas."

— Mateus 6:33

"Dois pontos principais de atenção são necessários para manter um constante espírito de oração que nos une a Deus. Precisamos procurar continuamente nutri-lo e evitar tudo que tende a nos fazer perdê-lo." —François Fénelon, *The Complete Fénelon*

No final da década de 1990, Steven Covey publicou *Os sete hábitos das pessoas altamente eficazes*. Um grande *best-seller*, influenciou milhões de pessoas. O sr. Covey já faleceu, mas seu livro, embora não tenha sido escrito especificamente para cristãos, teve um poderoso impacto em minha vida, particularmente seus "princípios atemporais". Os três primeiros hábitos identificados pelo sr. Covey são pertinentes à nossa jornada. Permita-me ilustrar.

O primeiro hábito é "Ser proativo", definido como assumir responsabilidade pessoal por coisas que podemos controlar e que impactam positivamente a nossa vida. Ter um tempo de devocional diário é exatamente esse tipo de coisa. Passar a primeira hora com Deus todos os dias terá um impacto benéfico sobre a nossa vida, como seguidores de Cristo. O testemunho constante de tantos grandes cristãos ao longo dos séculos estabelece, além de qualquer dúvida, o valor dessa disciplina. Em minha própria vida, nada foi tão importante e poderoso quanto essa prática diária. E ela é algo que ninguém mais pode fazer por mim. Só eu sou responsável. Outros podem me incentivar, orar por mim, me desafiar etc., mas, no fim das contas, "se deve acontecer, depende de mim", como diz o ditado. Deus é fiel e a Sua Palavra está pronta para eu mergulhar nela todas as manhãs. Porém, tenho de assumir a responsabilidade e comparecer.

O próximo hábito é "Começar tendo o fim em mente". Novamente, vemos aplicação imediata para nós em nossa jornada. O fim que precisamos ter em mente como cristãos é o *bema*, o tribunal de Cristo. O ingresso é viver com o céu em mente, como Jesus fez. O filósofo e padre Pierre Teilhard de Chardin expressa assim: "Não somos seres físicos tendo uma experiência espiritual; somos seres espirituais tendo uma experiência física". Hebreus 12:2 diz que Jesus suportou a cruz "pela alegria que lhe fora proposta". Quando aquela alegria deveria ser experimentada? Certamente, foi depois da cruz. Como no caso dEle, a nossa maior alegria será conhecida no céu, influenciada pelo modo como vivemos a nossa vida na terra.

O terceiro hábito é "Colocar as primeiras coisas em primeiro lugar". As primeiras coisas são aquelas que aprimorarão e nutrirão o fim que escolhemos, alimentando o sucesso da nossa jornada rumo à intimidade com o nosso Pai. Para discernir essas primeiras coisas, provavelmente teremos de eliminar o que opera contra nossas metas e objetivos. O mundo, a nossa carne e o diabo sempre nos proporão atividades alternativas e maneiras de justificá-las como mais importantes do que as nossas primeiras coisas. Nós precisaremos de discernimento, obtido no nosso tempo a sós com o nosso Pai, para priorizá-las. Deus nunca opera contra Si mesmo; qualquer coisa que venha contra ou nos impeça de nos aproximarmos dEle, nunca vem dele. Nunca se esqueça disso.

É por isso que dizemos no C12 "As prioridades são o que fazemos; tudo mais é apenas conversa". Podemos dizer que queremos mais de Deus em nossa vida e que Ele é a pessoa mais importante da nossa vida. Podemos dizer que a Sua Palavra é a nossa mais importante autoridade acerca de como precisamos viver, e que Jesus é o nosso Salvador e Senhor. Porém, se um descrente auditasse o que fazemos todos os dias, onde ele veria diferença entre nós e um descrente ético médio? Que diferença legítima o incrédulo veria na maneira como vivemos por causa da nossa fé?

Eu lhe prometo que a sua decisão de ter um tempo de devocional diário de alta qualidade com o nosso Pai abençoará você agora e na eternidade. Se você não esperasse por isso, não teria chegado tão longe, então, vamos começar. As páginas a seguir estão diagramadas para você seguir o modelo que eu uso. Recomendo que você o use durante um mínimo de 90 dias antes de fazer alterações, mas, se ele não for confortável para você, faça os ajustes que melhor se adequarem a você. O diário está organizado em três categorias relevantes para uma vida e liderança cristã bem-sucedida. Aproveite a sua jornada e, se eu puder ajudá-lo ao longo do caminho, não hesite em entrar em contato comigo para pedir ajuda. Estamos juntos nessa jornada.

Vamos Começar Essa Jornada?

[Meus 90 dias a sós com Deus!]

DIA 01 — A HORA MAIS IMPORTANTE

01 S T Q Q S S D

DATA ▸ _____

Peso ▸ _____ Exercícios ▸ _____

Leitura Bíblica ▸ _____

Leitura Adicional ▸ _____

Bênção Nº ▸ _____

Obrigado, Pai, por ▸ _____
_____
_____
_____
_____
_____
_____

Carta para Deus ▸ _____
_____
_____
_____
_____
_____
_____
_____
_____
_____
_____
_____

DIA 01 — A HORA MAIS IMPORTANTE

> *O homem justo leva uma vida íntegra; como são felizes os seus filhos!"*
>
> — **PROVÉRBIOS 20:7**

DIA 02 — A HORA MAIS IMPORTANTE

02 S T Q Q S S D

DATA ▶ _____

Peso ▶ _____   Exercícios ▶ _____

Leitura Bíblica ▶ _____

Leitura Adicional ▶ _____

Bênção Nº ▶ _____

Obrigado, Pai, por ▶ _____
_____
_____
_____
_____
_____
_____
_____

Carta para Deus ▶ _____
_____
_____
_____
_____
_____
_____
_____
_____
_____
_____
_____
_____

> "Ele mostrou a você, ó homem, o que é bom e o que o Senhor exige: Pratique a justiça, ame a fidelidade e ande humildemente com o seu Deus."
>
> — MIQUÉIAS 6:8

03 | S T Q Q S **S** **D**

DATA ▸ _____

Peso ▸ _____   Exercícios ▸ _____

Leitura Bíblica ▸ _____

Leitura Adicional ▸ _____

Bênção Nº ▸ _____

Obrigado, Pai, por ▸ _____
_____
_____
_____
_____
_____
_____

Carta para Deus ▸ _____
_____
_____
_____
_____
_____
_____
_____
_____
_____
_____

> "Pois é Deus quem efetua em vocês tanto o querer quanto o realizar, de acordo com a boa vontade dele."
>
> — FILIPENSES 2:13

04 | S | T | Q | Q | S | **S** | **D** | **DATA** ▸ _____

Peso ▸ _____   Exercícios ▸ _____

Leitura Bíblica ▸ _____

Leitura Adicional ▸ _____

Bênção Nº ▸ _____

Obrigado, Pai, por ▸ _____
_____
_____
_____
_____
_____
_____

Carta para Deus ▸ _____
_____
_____
_____
_____
_____
_____
_____
_____
_____
_____
_____

> *Aquele que começou boa obra em vocês, vai completá-la até o dia de Cristo Jesus."*
>
> — FILIPENSES 1:6

05 S T Q Q S **S** **D**

DATA ▸ _____

Peso ▸ _____ Exercícios ▸ _____

Leitura Bíblica ▸ _____

Leitura Adicional ▸ _____

Bênção Nº ▸ _____

Obrigado, Pai, por ▸ _____

_____
_____
_____
_____
_____
_____

Carta para Deus ▸ _____

_____
_____
_____
_____
_____
_____
_____
_____
_____
_____
_____
_____
_____
_____

> "Se vocês permanecerem firmes na minha palavra, verdadeiramente serão meus discípulos. E conhecerão a verdade, e a verdade os libertará."
>
> JOÃO 8:31-32

06 | S | T | Q | Q | S | S | D |

DATA ▸ _____

Peso ▸ _____ Exercícios ▸ _____

Leitura Bíblica ▸ _____

Leitura Adicional ▸ _____

Bênção Nº ▸ _____

Obrigado, Pai, por ▸ _____
_____
_____
_____
_____
_____
_____

Carta para Deus ▸ _____
_____
_____
_____
_____
_____
_____
_____
_____
_____
_____
_____

> "Não andem ansiosos por coisa alguma, mas em tudo, pela oração e súplicas, e com ação de graças, apresentem seus pedidos a Deus. E a paz de Deus, que excede todo o entendimento, guardará os seus corações e as suas mentes em Cristo Jesus."
>
> — FILIPENSES 4:6-7

07 S T Q Q S **S** **D**

DATA ▸ _____

Peso ▸ _____   Exercícios ▸ _____

Leitura Bíblica ▸ _____

Leitura Adicional ▸ _____

Bênção Nº ▸ _____

Obrigado, Pai, por ▸ _____
_____
_____
_____
_____
_____
_____

Carta para Deus ▸ _____
_____
_____
_____
_____
_____
_____
_____
_____
_____
_____
_____

DIA 07 — A HORA MAIS IMPORTANTE

> *Busquem, pois, em primeiro lugar o Reino de Deus e a sua justiça, e todas essas coisas lhes serão acrescentadas."*
>
> — MATEUS 6:33

DIA 08 — A HORA MAIS IMPORTANTE

08 S T Q Q S S D

DATA ▸ _____

Peso ▸ _____   Exercícios ▸ _____

Leitura Bíblica ▸ _____

Leitura Adicional ▸ _____

Bênção Nº ▸ _____

Obrigado, Pai, por ▸ _____
_____
_____
_____
_____
_____
_____

Carta para Deus ▸ _____
_____
_____
_____
_____
_____
_____
_____
_____
_____
_____
_____

DIA 08 — A HORA MAIS IMPORTANTE

> ❝ *Confie no Senhor de todo o seu coração e não se apoie em seu próprio entendimento; reconheça o Senhor em todos os seus caminhos, e ele endireitará as suas veredas."*
>
> PROVÉRBIOS 3:5-6

09 | S | T | Q | Q | S | **S** | **D**

DATA ▸ _____

Peso ▸ _____   Exercícios ▸ _____

Leitura Bíblica ▸ _____

Leitura Adicional ▸ _____

Bênção Nº ▸ _____

Obrigado, Pai, por ▸ _____
_____
_____
_____
_____
_____
_____

Carta para Deus ▸ _____
_____
_____
_____
_____
_____
_____
_____
_____
_____
_____
_____
_____

> 'Não por força nem por violência, mas pelo meu Espírito', diz o Senhor dos Exércitos."
>
> —
>
> ZACARIAS 4:6B

10 [S][T][Q][Q][S][S][D]

DATA ▸ _____

Peso ▸ _____ Exercícios ▸ _____

Leitura Bíblica ▸ _____

Leitura Adicional ▸ _____

Bênção Nº ▸ _____

Obrigado, Pai, por ▸ _____
_____
_____
_____
_____
_____

Carta para Deus ▸ _____
_____
_____
_____
_____
_____
_____
_____
_____
_____
_____

DIA 10 — A HORA MAIS IMPORTANTE

> "O Senhor firma os passos de um homem, quando a conduta deste o agrada."
>
> —
>
> SALMOS 37:23

11 | S | T | Q | Q | S | **S** | **D** | DATA ▶ _____

Peso ▶ _____   Exercícios ▶ _____

Leitura Bíblica ▶ _____

Leitura Adicional ▶ _____

Bênção Nº ▶ _____

Obrigado, Pai, por ▶ _____
_____
_____
_____
_____
_____

Carta para Deus ▶ _____
_____
_____
_____
_____
_____
_____
_____
_____
_____
_____
_____

> *O caminho do insensato parece-lhe justo, mas o sábio ouve os conselhos."*
>
> —
>
> **PROVÉRBIOS 12:15**

12 ⬜S ⬜T ⬜Q ⬜Q ⬜S ▪S ▪D

DATA ▶ _____

Peso ▶ _____ Exercícios ▶ _____

Leitura Bíblica ▶ _____

Leitura Adicional ▶ _____

Bênção N° ▶ _____

Obrigado, Pai, por ▶ _____
_____
_____
_____
_____
_____
_____
_____

Carta para Deus ▶ _____
_____
_____
_____
_____
_____
_____
_____
_____
_____
_____
_____
_____
_____

> "Amo os que me amam, e quem me procura me encontra."
>
> — **PROVÉRBIOS 8:17**

DIA 13 — A HORA MAIS IMPORTANTE

13 | S | T | Q | Q | S | S | D |

DATA ▶ _____

Peso ▶ _____   Exercícios ▶ _____

Leitura Bíblica ▶ _____

Leitura Adicional ▶ _____

Bênção Nº ▶ _____

Obrigado, Pai, por ▶ _____

Carta para Deus ▶ _____

> *Bem-aventurados os que têm fome e sede de justiça, pois serão satisfeitos."*
>
> — MATEUS 5:6

DIA 14 — A HORA MAIS IMPORTANTE

14 S T Q Q S **S D**

DATA ▸ _____

Peso ▸ _____   Exercícios ▸ _____

Leitura Bíblica ▸ _____

Leitura Adicional ▸ _____

Bênção Nº ▸ _____

Obrigado, Pai, por ▸ _____
_____
_____
_____
_____
_____
_____

Carta para Deus ▸ _____
_____
_____
_____
_____
_____
_____
_____
_____
_____
_____
_____
_____

> "Vocês não sabem que são santuário de Deus e que o Espírito de Deus habita em vocês?"
>
> — 1 CORÍNTIOS 3:16

15 | S | T | Q | Q | S | **S** | **D** |

DATA ▸ _____

Peso ▸ _____   Exercícios ▸ _____

Leitura Bíblica ▸ _____

Leitura Adicional ▸ _____

Bênção Nº ▸ _____

Obrigado, Pai, por ▸ _____
_____
_____
_____
_____
_____
_____

Carta para Deus ▸ _____
_____
_____
_____
_____
_____
_____
_____
_____
_____
_____
_____
_____

DIA 15 — A HORA MAIS IMPORTANTE

> "Contra você, porém, tenho isto:
> você abandonou o seu primeiro amor."
>
> — APOCALIPSE 2:4

DIA 16 — A HORA MAIS IMPORTANTE

16 [S][T][Q][Q][S][S][D]   **DATA** ▸ _____

Peso ▸ _____   Exercícios ▸ _____

Leitura Bíblica ▸ _____

Leitura Adicional ▸ _____

Bênção Nº ▸ _____

Obrigado, Pai, por ▸ _____

Carta para Deus ▸ _____

> *Tu guardarás em perfeita paz aquele
> cujo propósito está firme, porque em ti confia."*
>
> —
> ISAÍAS 26:3

17 S T Q Q S S D

DATA ▸ _____

Peso ▸ _____ Exercícios ▸ _____

Leitura Bíblica ▸ _____

Leitura Adicional ▸ _____

Bênção Nº ▸ _____

Obrigado, Pai, por ▸ _____
_____
_____
_____
_____
_____

Carta para Deus ▸ _____
_____
_____
_____
_____
_____
_____
_____
_____
_____
_____
_____

> *Porque, quem despreza o dia das coisas pequenas?"*
>
> —
>
> **ZACARIAS 4:10A (ACF)**

18 S T Q Q S S D   **DATA** ▸ _____

Peso ▸ _____   Exercícios ▸ _____

Leitura Bíblica ▸ _____

Leitura Adicional ▸ _____

Bênção Nº ▸ _____

Obrigado, Pai, por ▸ _____
_____
_____
_____
_____
_____
_____

Carta para Deus ▸ _____
_____
_____
_____
_____
_____
_____
_____
_____
_____
_____
_____
_____

> "Semelhantemente, toda árvore boa dá frutos bons, mas a árvore ruim dá frutos ruins. A árvore boa não pode dar frutos ruins, nem a árvore ruim pode dar frutos bons. Toda árvore que não produz bons frutos é cortada e lançada ao fogo. Assim, pelos seus frutos vocês os reconhecerão!"
>
> MATEUS 7:17-20

19 S T Q Q S S D

DATA ▶ _____

Peso ▶ _____ Exercícios ▶ _____

Leitura Bíblica ▶ _____

Leitura Adicional ▶ _____

Bênção Nº ▶ _____

Obrigado, Pai, por ▶ _____
_____
_____
_____
_____
_____
_____
_____

Carta para Deus ▶ _____
_____
_____
_____
_____
_____
_____
_____
_____
_____
_____
_____
_____
_____

DIA 19 — A HORA MAIS IMPORTANTE

> *Pois quem se exalta será humilhado, e quem se humilha será exaltado."*
>
> —
> LUCAS 18:14B

DIA 20 — A HORA MAIS IMPORTANTE

20 | S | T | Q | Q | S | **S** | **D** |

DATA ▸ _____

Peso ▸ _____   Exercícios ▸ _____

Leitura Bíblica ▸ _____

Leitura Adicional ▸ _____

Bênção Nº ▸ _____

Obrigado, Pai, por ▸ _____
_____
_____
_____
_____
_____
_____

Carta para Deus ▸ _____
_____
_____
_____
_____
_____
_____
_____
_____
_____
_____
_____

> *Porque não me envergonho do evangelho de Cristo..."*
>
> ―
>
> **ROMANOS 1:16**

21 | S | T | Q | Q | S | **S** | **D**

DATA ▸ _____

Peso ▸ _____ Exercícios ▸ _____

Leitura Bíblica ▸ _____

Leitura Adicional ▸ _____

Bênção N° ▸ _____

Obrigado, Pai, por ▸ _____
_____
_____
_____
_____
_____
_____

Carta para Deus ▸ _____
_____
_____
_____
_____
_____
_____
_____
_____
_____
_____
_____
_____

> "O coração é mais enganoso que qualquer outra coisa e sua doença é incurável. Quem é capaz de compreendê-lo?"
>
> — JEREMIAS 17:9

22 S T Q Q S **S** **D**

DATA ▸ _____

Peso ▸ _____   Exercícios ▸ _____

Leitura Bíblica ▸ _____

Leitura Adicional ▸ _____

Bênção Nº ▸ _____

Obrigado, Pai, por ▸ _____
_____
_____
_____
_____
_____

Carta para Deus ▸ _____
_____
_____
_____
_____
_____
_____
_____
_____
_____

DIA 22 — A HORA MAIS IMPORTANTE

> *Por isso, discutia na sinagoga com judeus e com gregos tementes a Deus, bem como na praça principal, todos os dias, com aqueles que por ali se encontravam."*
>
> ATOS 17:17

23 | S T Q Q S **S** **D**

DATA ▸ _____

Peso ▸ _____   Exercícios ▸ _____

Leitura Bíblica ▸ _____

Leitura Adicional ▸ _____

Bênção Nº ▸ _____

Obrigado, Pai, por ▸ _____
_____
_____
_____
_____
_____
_____

Carta para Deus ▸ _____
_____
_____
_____
_____
_____
_____
_____
_____
_____
_____
_____

> "Pois desde a criação do mundo os atributos invisíveis de Deus, seu eterno poder e sua natureza divina, têm sido vistos claramente, sendo compreendidos por meio das coisas criadas, de forma que tais homens são indesculpáveis."
>
> — ROMANOS 1:20

DIA 24 — A HORA MAIS IMPORTANTE

24 | S | T | Q | Q | S | **S** | **D** |

DATA ▸ _____

Peso ▸ _____ Exercícios ▸ _____

Leitura Bíblica ▸ _____

Leitura Adicional ▸ _____

Bênção Nº ▸ _____

Obrigado, Pai, por ▸ _____
_____
_____
_____
_____
_____
_____

Carta para Deus ▸ _____
_____
_____
_____
_____
_____
_____
_____
_____
_____
_____
_____

DIA 24 — A HORA MAIS IMPORTANTE

> *Darei a eles um coração não dividido e porei um novo espírito dentro deles; retirarei deles o coração de pedra e lhes darei um coração de carne."*
>
> — EZEQUIEL 11:19

25 ⬛ S T Q Q S **S** **D**

DATA ▸ _____

Peso ▸ _____   Exercícios ▸ _____

Leitura Bíblica ▸ _____

Leitura Adicional ▸ _____

Bênção N° ▸ _____

Obrigado, Pai, por ▸ _____
_____
_____
_____
_____
_____

Carta para Deus ▸ _____
_____
_____
_____
_____
_____
_____
_____
_____
_____
_____
_____

> *Fazei tudo sem murmurações nem contendas, para que vos torneis irrepreensíveis e sinceros, filhos de Deus inculpáveis no meio de uma geração pervertida e corrupta, na qual resplandeceis como luzeiros no mundo."*
>
> — **FILIPENSES 2:14-15 (ARA)**

DIA 26 — A HORA MAIS IMPORTANTE

26 ⬜S ⬜T ⬜Q ⬜Q ⬜S ▪S ▪D

DATA ▶ _____

Peso ▶ _____ Exercícios ▶ _____

Leitura Bíblica ▶ _____

Leitura Adicional ▶ _____

Bênção Nº ▶ _____

Obrigado, Pai, por ▶ _____
_____
_____
_____
_____
_____
_____

Carta para Deus ▶ _____
_____
_____
_____
_____
_____
_____
_____
_____
_____
_____
_____
_____

> "Porque sou eu que conheço os planos que tenho para vocês", diz o Senhor, "planos de fazê-los prosperar e não de lhes causar dano, planos de dar-lhes esperança e um futuro."
>
> — JEREMIAS 29:11

DIA 27 — A HORA MAIS IMPORTANTE

27 | S | T | Q | Q | S | **S** | **D** |

DATA ▶ _____

Peso ▶ _____ Exercícios ▶ _____

Leitura Bíblica ▶ _____

Leitura Adicional ▶ _____

Bênção Nº ▶ _____

Obrigado, Pai, por ▶ _____
_____
_____
_____
_____
_____
_____

Carta para Deus ▶ _____
_____
_____
_____
_____
_____
_____
_____
_____
_____
_____
_____

> *Portanto, já que vocês ressuscitaram com Cristo, procurem as coisas que são do alto, onde Cristo está assentado à direita de Deus. Mantenham o pensamento nas coisas do alto, e não nas coisas terrenas."*
>
> **COLOSSENSES 3:1-2**

DIA 28 — A HORA MAIS IMPORTANTE

28 [S][T][Q][Q][S][S][D]   **DATA ▸** _____

Peso ▸ _____   Exercícios ▸ _____

Leitura Bíblica ▸ _____

Leitura Adicional ▸ _____

Bênção Nº ▸ _____

Obrigado, Pai, por ▸ _____
_____
_____
_____
_____
_____
_____

Carta para Deus ▸ _____
_____
_____
_____
_____
_____
_____
_____
_____
_____
_____
_____

> *Guardei no coração a tua palavra
> para não pecar contra ti."*
>
> ---
>
> SALMOS 119:11

DIA 29 — A HORA MAIS IMPORTANTE

29 ⬚S ⬚T ⬚Q ⬚Q ⬚S ▪S ▪D

DATA ▸ _____

Peso ▸ _____ Exercícios ▸ _____

Leitura Bíblica ▸ _____

Leitura Adicional ▸ _____

Bênção Nº ▸ _____

Obrigado, Pai, por ▸ _____
_____
_____
_____
_____
_____
_____

Carta para Deus ▸ _____
_____
_____
_____
_____
_____
_____
_____
_____
_____
_____
_____
_____

DIA 29 — A HORA MAIS IMPORTANTE

> **❝**
> *Observem as aves do céu: não semeiam nem colhem nem armazenam em celeiros; contudo, o Pai celestial as alimenta. Não têm vocês muito mais valor do que elas?"*
>
> —
> MATEUS 6:26

30 | S | T | Q | Q | S | **S** | **D**

DATA ▸ _____

Peso ▸ _____ Exercícios ▸ _____

Leitura Bíblica ▸ _____

Leitura Adicional ▸ _____

Bênção Nº ▸ _____

Obrigado, Pai, por ▸ _____
_____
_____
_____
_____
_____
_____

Carta para Deus ▸ _____
_____
_____
_____
_____
_____
_____
_____
_____
_____
_____
_____

DIA 30 — A HORA MAIS IMPORTANTE

> **"** Portanto, quem ouve estas minhas palavras e as pratica é como um homem prudente que construiu a sua casa sobre a rocha. Caiu a chuva, transbordaram os rios, sopraram os ventos e deram contra aquela casa, e ela não caiu, porque tinha seus alicerces na rocha."
>
> — MATEUS 7:24-25

02

Permanecendo em Cristo

João 15 é um dos meus capítulos favoritos da Bíblia. Jesus usa a metáfora de uma videira, seu agricultor e seus ramos para ilustrar alguns importantes princípios básicos da vida cristã. O agricultor representa o Pai, a videira é o próprio Jesus e nós somos os ramos. O agricultor cuida da videira, procurando ramos saudáveis que produzam frutos, de preferência muitos frutos. Ele corta os ramos que não dão frutos e poda os que dão, para que possam produzir mais frutos! Permita-me compartilhar alguns versículos-chaves, depois poderemos discutir algumas ideias para o seu tempo a sós com Deus. Jesus diz:

> Eu sou a videira verdadeira, e meu Pai é o agricultor. Todo ramo que, estando em mim, não dá fruto, ele corta; e todo que dá fruto ele poda, para que dê mais fruto ainda. Vocês já estão limpos, pela palavra que lhes tenho falado. Permaneçam em mim, e eu permanecerei em vocês. Nenhum ramo pode dar fruto por si mesmo, se não permanecer na videira. Vocês também não podem dar fruto, se não permanecerem em mim. Eu sou a videira; vocês são os ramos. Se alguém permanecer em mim e eu nele, esse dá muito fruto; pois sem mim vocês não podem fazer coisa alguma. (João 15:1-5)

Algumas observações importantes: Primeiro, Jesus nos chama a "permanecer nEle". Uma definição de permanecer é "viver em" ou "residir em". Um grande foco da nossa jornada é aprender a permanecer, que é muito mais do que apenas uma decisão mental única. E Jesus diz que, se não permanecemos nEle, não podemos fazer coisa alguma! Pode-se dizer que, se não permanecermos em Cristo, a nossa jornada não terá um ramo onde se apoiar.

Como sabemos que estamos permanecendo em Cristo? Com que se parece uma vida cristã que verdadeiramente permanece e como podemos avaliá-la? Não temos métricas absolutas para a vida espiritual, mas eis aqui alguns pensamentos.

Uma vida de permanência em Cristo produz o fruto do Espírito (Gálatas 5:22-23), que produz o fruto de vidas voltadas a Deus. O aroma de uma vida cristã que permanece atrai para Deus quem passa por ela. Direcionar outros para Deus e o Seu reino era o foco da vida e do ministério de Jesus. Jesus nos ensina que uma árvore é conhecida pelos seus frutos (Mateus 7:15-20). O fruto do Espírito em nossa vida, que floresce ao permanecermos em Jesus, é atraente, se não irresistível. Ele atrai os outros para nós e os direciona para Ele.

Cada cristão é um ramo ligado a Jesus, a videira verdadeira. Deus Pai é o agricultor. A videira fornece aos ramos tudo de que eles necessitam, e o agricultor poda os galhos para garantir que deem frutos. Ramos são criados para produzir o fruto que o agricultor procura. Ele enxertou os ramos na videira, dando-lhes nova vida para aquele exato propósito. Diferentemente dos ramos naturais, como "ramos humanos" nós temos livre arbítrio, e isso adiciona escolhas à equação.

Considere a parábola do semeador, em Mateus 13:3-23. O semeador lança as sementes ao longo de um caminho e ocorrem quatro diferentes resultados. O primeiro e o segundo grupos de sementes não criaram raízes e se perderam. O terceiro grupo de sementes conseguiu criar raízes, mas rapidamente morreu entre os espinhos. E o quarto grupo se enraizou em solo bom e produziu uma incrível safra de frutos. Jesus nos diz que a semente lançada ao longo do caminho é a Palavra de Deus, a mensagem do reino, e Ele é o semeador. E ele compartilha que o terceiro grupo de sementes lançadas pareceu criar raízes, mas os espinhos ao seu redor, de "preocupação desta vida e o engano das riquezas", as impedem de dar frutos. O quarto grupo de sementes se manteve alheio àquelas distrações e atendeu ao chamado de Jesus, de "permanecer em mim". Essas sementes produziram um retorno de trinta, sessenta e cem vezes. Frutos. Mais frutos. Muitos frutos. O agricultor olhou para a frutificação e disse "É isso aí!"

Assim, ao examinarmos a nossa vida e a das pessoas que influenciamos, estamos dando frutos? Vidas estão sendo voltadas para Deus? Crentes estão sendo transformados e amadurecendo para se tornarem discípulos? Um espírito de generosa doação é óbvio em nós e em quem influenciamos? Essas coisas estão crescendo, aumentando? Se estamos realmente permanecendo, elas deveriam estar. Talvez não exponencialmente, porque alguns ramos crescem mais rapidamente do que outros. Porém, Deus projetou os ramos para dar frutos e é isso que Ele nos chama a fazer.

Ao continuarmos a nossa jornada, pense em permanecer na nossa Vinha e em como os frutos são produzidos. Escreva o que vier à sua mente acerca de permanecer em Jesus, na Sua Palavra, dia após dia. Ouça o Seu Espírito. Alimente-se e aos outros com o fruto de um ramo saudável.

DIA 31 — A HORA MAIS IMPORTANTE

31 S T Q Q S S D

DATA ▸ _____

Peso ▸ _____   Exercícios ▸ _____

Leitura Bíblica ▸ _____

Leitura Adicional ▸ _____

Bênção Nº ▸ _____

Obrigado, Pai, por ▸ _____
_____
_____
_____
_____
_____
_____

Carta para Deus ▸ _____
_____
_____
_____
_____
_____
_____
_____
_____
_____
_____
_____
_____

> "Venham a mim, todos os que estão cansados e sobrecarregados, e eu lhes darei descanso. Tomem sobre vocês o meu jugo e aprendam de mim, pois sou manso e humilde de coração, e vocês encontrarão descanso para as suas almas. Pois o meu jugo é suave e o meu fardo é leve."
>
> — MATEUS 11:28-30

32 | S | T | Q | Q | S | S | D |

DATA ▸ _____

Peso ▸ _____ Exercícios ▸ _____

Leitura Bíblica ▸ _____

Leitura Adicional ▸ _____

Bênção Nº ▸ _____

Obrigado, Pai, por ▸ _____
_____
_____
_____
_____
_____

Carta para Deus ▸ _____
_____
_____
_____
_____
_____
_____
_____
_____
_____
_____
_____

> "Todas as coisas me foram entregues por meu Pai. Ninguém conhece o Filho a não ser o Pai, e ninguém conhece o Pai a não ser o Filho e aqueles a quem o Filho o quiser revelar."
>
> — MATEUS 11:27

DIA 33 — A HORA MAIS IMPORTANTE

33 [S][T][Q][Q][S][S][D]

DATA ▸ _____

Peso ▸ _____ Exercícios ▸ _____

Leitura Bíblica ▸ _____

Leitura Adicional ▸ _____

Bênção Nº ▸ _____

Obrigado, Pai, por ▸ _____
_____
_____
_____
_____
_____
_____

Carta para Deus ▸ _____
_____
_____
_____
_____
_____
_____
_____
_____
_____
_____

DIA 33 — A HORA MAIS IMPORTANTE

> "O Pai ama o Filho e entregou tudo em suas mãos."
>
> — JOÃO 3:35

34 S T Q Q S **S** **D**

DATA ▸ _____

Peso ▸ _____   Exercícios ▸ _____

Leitura Bíblica ▸ _____

Leitura Adicional ▸ _____

Bênção Nº ▸ _____

Obrigado, Pai, por ▸ _____

Carta para Deus ▸ _____

> **"** Exerçam a sua cidadania de maneira digna do evangelho de Cristo, para que assim, quer eu vá e os veja, quer apenas ouça a seu respeito em minha ausência, fique eu sabendo que vocês permanecem firmes num só espírito, lutando unânimes pela fé evangélica."
>
> — **FILIPENSES 1:27**

DIA 35 — A HORA MAIS IMPORTANTE

35 S T Q Q S **S D**   **DATA** ▸ _____

Peso ▸ _____   Exercícios ▸ _____

Leitura Bíblica ▸ _____

Leitura Adicional ▸ _____

Bênção Nº ▸ _____

Obrigado, Pai, por ▸ _____

Carta para Deus ▸ _____

> "Sem fé é impossível agradar a Deus, pois quem dele se aproxima precisa crer que ele existe e que recompensa aqueles que o buscam."
>
> — **HEBREUS 11:6**

DIA 36 — A HORA MAIS IMPORTANTE

36 | S | T | Q | Q | S | **S** | **D**

DATA ▸ _____

Peso ▸ _____   Exercícios ▸ _____

Leitura Bíblica ▸ _____

Leitura Adicional ▸ _____

Bênção Nº ▸ _____

Obrigado, Pai, por ▸ _____
_____
_____
_____
_____
_____
_____

Carta para Deus ▸ _____
_____
_____
_____
_____
_____
_____
_____
_____
_____
_____
_____
_____

> "Fiel é esta palavra, e quero que você afirme categoricamente essas coisas, para que os que creem em Deus se empenhem na prática de boas obras. Tais coisas são excelentes e úteis aos homens."
>
> TITO 3:8

37 | S | T | Q | Q | S | **S** | **D** | DATA ▸ _____

Peso ▸ _____   Exercícios ▸ _____

Leitura Bíblica ▸ _____

Leitura Adicional ▸ _____

Bênção Nº ▸ _____

Obrigado, Pai, por ▸ _____
_____
_____
_____
_____
_____
_____

Carta para Deus ▸ _____
_____
_____
_____
_____
_____
_____
_____
_____
_____
_____
_____

> "Pois a palavra de Deus é viva e eficaz, e mais afiada que qualquer espada de dois gumes; ela penetra ao ponto de dividir alma e espírito, juntas e medulas, e julga os pensamentos e intenções do coração."
>
> — HEBREUS 4:12

DIA 38 — A HORA MAIS IMPORTANTE

38 S T Q Q S **S** **D**

DATA ▶ _____

Peso ▶ _____ Exercícios ▶ _____

Leitura Bíblica ▶ _____

Leitura Adicional ▶ _____

Bênção Nº ▶ _____

Obrigado, Pai, por ▶ _____
_____
_____
_____
_____
_____

Carta para Deus ▶ _____
_____
_____
_____
_____
_____
_____
_____
_____
_____
_____

DIA 38 — A HORA MAIS IMPORTANTE

> *Sobretudo, amem-se sinceramente uns aos outros, porque o amor perdoa muitíssimos pecados."*
>
> —
>
> **1 PEDRO 4:8**

39 ☐S☐ ☐T☐ ☐Q☐ ☐Q☐ ☐S☐ ▓S▓ ▓D▓

DATA ▸ _____

Peso ▸ _____ Exercícios ▸ _____

Leitura Bíblica ▸ _____

Leitura Adicional ▸ _____

Bênção N° ▸ _____

Obrigado, Pai, por ▸ _____
_____
_____
_____
_____
_____
_____

Carta para Deus ▸ _____
_____
_____
_____
_____
_____
_____
_____
_____
_____
_____
_____

> Todos os caminhos do homem lhe parecem puros, mas o Senhor avalia o espírito."
>
> — PROVÉRBIOS 16:2

40 | S | T | Q | Q | S | **S** | **D** |

DATA ▸ _____

Peso ▸ _____ Exercícios ▸ _____

Leitura Bíblica ▸ _____

Leitura Adicional ▸ _____

Bênção Nº ▸ _____

Obrigado, Pai, por ▸ _____
_____
_____
_____
_____
_____
_____

Carta para Deus ▸ _____
_____
_____
_____
_____
_____
_____
_____
_____
_____
_____
_____
_____

DIA 40 — A HORA MAIS IMPORTANTE

> *O ímpio está envaidecido; seus desejos não são bons; mas o justo viverá pela sua fidelidade."*
>
> — HABACUQUE 2:4V

DIA 41 — A HORA MAIS IMPORTANTE

41 S T Q Q S **S** **D**

DATA ▸ _____

Peso ▸ _____ Exercícios ▸ _____

Leitura Bíblica ▸ _____

Leitura Adicional ▸ _____

Bênção Nº ▸ _____

Obrigado, Pai, por ▸ _____
_____
_____
_____
_____
_____
_____

Carta para Deus ▸ _____
_____
_____
_____
_____
_____
_____
_____
_____
_____
_____
_____
_____

> E o rei exclamou: 'Olhem! Estou vendo quatro homens, desamarrados e ilesos, andando pelo fogo, e o quarto se parece com um filho dos deuses.'"
>
> — DANIEL 3:25

42 ⬜S ⬜T ⬜Q ⬜Q ⬜S ▪S ▪D

DATA ▶ _____

Peso ▶ _____ Exercícios ▶ _____

Leitura Bíblica ▶ _____

Leitura Adicional ▶ _____

Bênção Nº ▶ _____

Obrigado, Pai, por ▶ _____
_____
_____
_____
_____
_____

Carta para Deus ▶ _____
_____
_____
_____
_____
_____
_____
_____
_____
_____
_____

DIA 42 — A HORA MAIS IMPORTANTE

> *Duas pessoas andarão juntas se não estiverem de acordo?"*
>
> — AMÓS 3:3

43 S T Q Q S S D

DATA ▸ _____

Peso ▸ _____   Exercícios ▸ _____

Leitura Bíblica ▸ _____

Leitura Adicional ▸ _____

Bênção Nº ▸ _____

Obrigado, Pai, por ▸ _____
_____
_____
_____
_____
_____
_____

Carta para Deus ▸ _____
_____
_____
_____
_____
_____
_____
_____
_____
_____
_____
_____

> "Mas bendito é o homem cuja confiança está no Senhor, cuja confiança nele está. Ele será como uma árvore plantada junto às águas e que estende as suas raízes para o ribeiro. Ela não temerá quando chegar o calor, porque as suas folhas estão sempre verdes; não ficará ansiosa no ano da seca nem deixará de dar fruto."
>
> — JEREMIAS 17:7-8

DIA 44 — A HORA MAIS IMPORTANTE

44 | S | T | Q | Q | S | S | D |

DATA ▸ _____

Peso ▸ _____ Exercícios ▸ _____

Leitura Bíblica ▸ _____

Leitura Adicional ▸ _____

Bênção Nº ▸ _____

Obrigado, Pai, por ▸ _____
_____
_____
_____
_____
_____
_____

Carta para Deus ▸ _____
_____
_____
_____
_____
_____
_____
_____
_____
_____
_____
_____
_____

> *Eu sou o Senhor que sonda o coração e examina a mente, para recompensar a cada um de acordo com a sua conduta, de acordo com as suas obras."*
>
> JEREMIAS 17:10

DIA 45 — A HORA MAIS IMPORTANTE

45 | S | T | Q | Q | S | **S** | **D** |

DATA ▸ _____

Peso ▸ _____ Exercícios ▸ _____

Leitura Bíblica ▸ _____

Leitura Adicional ▸ _____

Bênção Nº ▸ _____

Obrigado, Pai, por ▸ _____
_____
_____
_____
_____
_____

Carta para Deus ▸ _____
_____
_____
_____
_____
_____
_____
_____
_____
_____
_____

> *Pois todos nós devemos comparecer perante o tribunal de Cristo, para que cada um receba de acordo com as obras praticadas por meio do corpo, quer sejam boas quer sejam más."*
>
> — **2 CORÍNTIOS 5:10**

DIA 46 — A HORA MAIS IMPORTANTE

46 S T Q Q S **S** **D**

DATA ▶ _____

Peso ▶ _____ Exercícios ▶ _____

Leitura Bíblica ▶ _____

Leitura Adicional ▶ _____

Bênção Nº ▶ _____

Obrigado, Pai, por ▶ _____
_____
_____
_____
_____
_____

Carta para Deus ▶ _____
_____
_____
_____
_____
_____
_____
_____
_____
_____
_____
_____

> *Fiel é Deus, o qual os chamou à comunhão com seu Filho Jesus Cristo, nosso Senhor."*
>
> — 1 CORÍNTIOS 1:9

47 | S | T | Q | Q | S | **S** | **D** |

DATA ▸ _____

Peso ▸ _____ Exercícios ▸ _____

Leitura Bíblica ▸ _____

Leitura Adicional ▸ _____

Bênção Nº ▸ _____

Obrigado, Pai, por ▸ _____
_____
_____
_____
_____
_____

Carta para Deus ▸ _____
_____
_____
_____
_____
_____
_____
_____
_____
_____
_____

> "Não me envergonho do evangelho, porque é o poder de Deus para a salvação de todo aquele que crê: primeiro do judeu, depois do grego."
>
> — ROMANOS 1:16

DIA 48 — A HORA MAIS IMPORTANTE

48 S T Q Q S S D

DATA ▸ _____

Peso ▸ _____   Exercícios ▸ _____

Leitura Bíblica ▸ _____

Leitura Adicional ▸ _____

Bênção Nº ▸ _____

Obrigado, Pai, por ▸ _____
_____
_____
_____
_____
_____

Carta para Deus ▸ _____
_____
_____
_____
_____
_____
_____
_____
_____
_____
_____

> "Não é judeu quem o é apenas exteriormente, nem é circuncisão a que é meramente exterior e física. Não! Judeu é quem o é interiormente, e circuncisão é a operada no coração, pelo Espírito, e não pela lei escrita. Para estes o louvor não provém dos homens, mas de Deus."
>
> ROMANOS 2:28-29

49 | S | T | Q | Q | S | **S** | **D** |

DATA ▸ _____

Peso ▸ _____   Exercícios ▸ _____

Leitura Bíblica ▸ _____

Leitura Adicional ▸ _____

Bênção Nº ▸ _____

Obrigado, Pai, por ▸ _____
_____
_____
_____
_____
_____
_____
_____

Carta para Deus ▸ _____
_____
_____
_____
_____
_____
_____
_____
_____
_____
_____
_____
_____
_____

DIA 49 — A HORA MAIS IMPORTANTE

> "Que diz a Escritura? 'Abraão creu em Deus, e isso lhe foi creditado como justiça'. Ora, o salário do homem que trabalha não é considerado como favor, mas como dívida."
>
> — ROMANOS 4:3-4

DIA 50 — A HORA MAIS IMPORTANTE

50 S T Q Q S S D

DATA ▸ _____

Peso ▸ _____   Exercícios ▸ _____

Leitura Bíblica ▸ _____

Leitura Adicional ▸ _____

Bênção Nº ▸ _____

Obrigado, Pai, por ▸ _____
_____
_____
_____
_____
_____

Carta para Deus ▸ _____
_____
_____
_____
_____
_____
_____
_____
_____
_____

DIA 50 — A HORA MAIS IMPORTANTE

> "Pois vocês são salvos pela graça, por meio da fé,
> e isto não vem de vocês, é dom de Deus;
> não por obras, para que ninguém se glorie."
>
> EFÉSIOS 2:8-9

51 | S | T | Q | Q | S | **S** | **D** |

DATA ▸ _____

Peso ▸ _____ Exercícios ▸ _____

Leitura Bíblica ▸ _____

Leitura Adicional ▸ _____

Bênção Nº ▸ _____

Obrigado, Pai, por ▸ _____
_____
_____
_____
_____
_____
_____

Carta para Deus ▸ _____
_____
_____
_____
_____
_____
_____
_____
_____
_____
_____

> "Conscientes disso, oramos constantemente por vocês, para que o nosso Deus os faça dignos da vocação e, com poder, cumpra todo bom propósito e toda obra que procede da fé. Assim o nome de nosso Senhor Jesus será glorificado em vocês, e vocês nele, segundo a graça de nosso Deus e do Senhor Jesus Cristo."
>
> — **2 TESSALONICENSES 1:11-12**

52 | S | T | Q | Q | S | **S** | **D** |

DATA ▸ _____

Peso ▸ _____   Exercícios ▸ _____

Leitura Bíblica ▸ _____

Leitura Adicional ▸ _____

Bênção Nº ▸ _____

Obrigado, Pai, por ▸ _____
_____
_____
_____
_____
_____
_____

Carta para Deus ▸ _____
_____
_____
_____
_____
_____
_____
_____
_____
_____
_____
_____
_____
_____

> *Mas o Senhor é fiel; ele os fortalecerá e os guardará do Maligno."*
>
> ---
>
> 2 TESSALONICENSES 3:3

DIA 53 — A HORA MAIS IMPORTANTE

53 S T Q Q S **S D**

DATA ▶ _____

Peso ▶ _____ Exercícios ▶ _____

Leitura Bíblica ▶ _____

Leitura Adicional ▶ _____

Bênção Nº ▶ _____

Obrigado, Pai, por ▶ _____
_____
_____
_____
_____
_____

Carta para Deus ▶ _____
_____
_____
_____
_____
_____
_____
_____
_____
_____
_____

> "O Espírito diz claramente que nos últimos tempos alguns abandonarão a fé e seguirão espíritos enganadores e doutrinas de demônios. Tais ensinamentos vêm de homens hipócritas e mentirosos, que têm a consciência cauterizada."
>
> **1 TIMÓTEO 4:1-2**

54 S T Q Q S **S** **D**

DATA ▸ _____

Peso ▸ _____ Exercícios ▸ _____

Leitura Bíblica ▸ _____

Leitura Adicional ▸ _____

Bênção Nº ▸ _____

Obrigado, Pai, por ▸ _____
_____
_____
_____
_____
_____
_____

Carta para Deus ▸ _____
_____
_____
_____
_____
_____
_____
_____
_____
_____
_____
_____
_____

> *O exercício físico é de pouco proveito;
> a piedade, porém, para tudo é proveitosa, porque
> tem promessa da vida presente e da futura."*
>
> — 1 TIMÓTEO 4:8

55 | S T Q Q S S D

DATA ▸ _____

Peso ▸ _____ Exercícios ▸ _____

Leitura Bíblica ▸ _____

Leitura Adicional ▸ _____

Bênção Nº ▸ _____

Obrigado, Pai, por ▸ _____
_____
_____
_____
_____
_____

Carta para Deus ▸ _____
_____
_____
_____
_____
_____
_____
_____
_____
_____
_____

DIA 55 — A HORA MAIS IMPORTANTE

> "Senhor, quem habitará no teu santuário? Quem poderá morar no teu santo monte? Aquele que é íntegro em sua conduta e pratica o que é justo, que de coração fala a verdade."
>
> — SALMOS 15:1-2

DIA 56 — A HORA MAIS IMPORTANTE

56 | S | T | Q | Q | S | **S** | **D** |

DATA ▶ _____

Peso ▶ _____   Exercícios ▶ _____

Leitura Bíblica ▶ _____

Leitura Adicional ▶ _____

Bênção Nº ▶ _____

Obrigado, Pai, por ▶ _____
_____
_____
_____
_____
_____

Carta para Deus ▶ _____
_____
_____
_____
_____
_____
_____
_____
_____
_____

> Vocês nem sabem o que lhes acontecerá amanhã! Que é a sua vida? Vocês são como a neblina que aparece por um pouco de tempo e depois se dissipa. Ao invés disso, deveriam dizer: 'Se o Senhor quiser, viveremos e faremos isto ou aquilo'."
>
> — **TIAGO 4:14-15**

57 | S | T | Q | Q | S | S | D |

DATA ▸ _____

Peso ▸ _____ Exercícios ▸ _____

Leitura Bíblica ▸ _____

Leitura Adicional ▸ _____

Bênção Nº ▸ _____

Obrigado, Pai, por ▸ _____
_____
_____
_____
_____
_____
_____

Carta para Deus ▸ _____
_____
_____
_____
_____
_____
_____
_____
_____
_____
_____
_____

> "Quanto ao mais, tenham todos o mesmo modo de pensar, sejam compassivos, amem-se fraternalmente, sejam misericordiosos e humildes. Não retribuam mal com mal nem insulto com insulto; pelo contrário, bendigam; pois para isso vocês foram chamados, para receberem bênção por herança."
>
> — 1 PEDRO 3:8-9

58 | S | T | Q | Q | S | S | D |

DATA ▸ _____

Peso ▸ _____ Exercícios ▸ _____

Leitura Bíblica ▸ _____

Leitura Adicional ▸ _____

Bênção Nº ▸ _____

Obrigado, Pai, por ▸ _____

_____
_____
_____
_____
_____
_____

Carta para Deus ▸ _____

_____
_____
_____
_____
_____
_____
_____
_____
_____
_____
_____

> *No passado vocês já gastaram tempo suficiente fazendo o que agrada aos pagãos. Naquele tempo vocês viviam em libertinagem, na sensualidade, nas bebedeiras, orgias e farras, e na idolatria repugnante."*
>
> — 1 PEDRO 4:3

59   S T Q Q S **S** **D**

DATA ▸ _____

Peso ▸ _____ Exercícios ▸ _____

Leitura Bíblica ▸ _____

Leitura Adicional ▸ _____

Bênção Nº ▸ _____

Obrigado, Pai, por ▸ _____
_____
_____
_____
_____
_____
_____

Carta para Deus ▸ _____
_____
_____
_____
_____
_____
_____
_____
_____
_____
_____
_____

> "Por isso mesmo, empenhem-se para acrescentar à sua fé a virtude; à virtude o conhecimento [...] à piedade a fraternidade; e à fraternidade o amor."
>
> — 2 PEDRO 1:5-7

60 | S | T | Q | Q | S | S | D | **DATA** ▶ _____

Peso ▶ _____ Exercícios ▶ _____

Leitura Bíblica ▶ _____

Leitura Adicional ▶ _____

Bênção Nº ▶ _____

Obrigado, Pai, por ▶ _____
_____
_____
_____
_____
_____
_____

Carta para Deus ▶ _____
_____
_____
_____
_____
_____
_____
_____
_____
_____
_____
_____

> *Se alguém confessa publicamente que Jesus é o Filho de Deus, Deus permanece nele, e ele em Deus. Assim conhecemos o amor que Deus tem por nós e confiamos nesse amor. Deus é amor. Todo aquele que permanece no amor permanece em Deus, e Deus nele."*
>
> — 1 JOÃO 4:15-16

03

Um Embaixador? Eu?

"Tudo isso provém de Deus, que nos reconciliou consigo mesmo por meio de Cristo e nos deu o ministério da reconciliação, ou seja, que Deus em Cristo estava reconciliando consigo o mundo, não lançando em conta os pecados dos homens, e nos confiou a mensagem da reconciliação. Portanto, somos embaixadores de Cristo, como se Deus estivesse fazendo o seu apelo por nosso intermédio. Por amor a Cristo lhes suplicamos: Reconciliem-se com Deus."

—2 Coríntios 5:18-20

Os seguidores de Cristo e os discípulos de Jesus têm um título em comum: "Embaixador". O nosso cartão de visita pode dizer "Presidente", "CEO", "Engenheiro" ou "Representante de Vendas". Podemos nos referir a nós mesmos como "mãe em tempo integral" ou "aposentado". Nossa idade e situação financeira variam de pessoa para pessoa. Somos homens e mulheres, e uma mistura de várias raças. E, quando abrimos o coração para Jesus e nos tornamos irmãos ou irmãs mais novos de Cristo, também nos tornamos embaixadores em treinamento.

Embaixador é o título compartilhado por todos os que o seguem e pertencem a Ele. Não é por acaso que Paulo usa a palavra embaixador para nos descrever. Pense no papel de um embaixador no sentido diplomático. Os embaixadores não escolhem a si mesmos — são escolhidos pelo governo a que servem. Em João 15:16, Jesus nos diz "Vocês não me escolheram, mas eu os escolhi para irem e darem fruto, fruto que permaneça". Antes do início dos tempos, Deus decidiu e planejou equipar-nos para sermos embaixadores de Cristo. Eu chamo isso de parte do "contexto" da nossa vida. A mistura de dons, talentos, competências e personalidades com que começamos a vida, combinada com a nossa localização geográfica, situação familiar, formação educacional e dons espirituais, é o que nos capacita a atuar de maneiras adequadas ao plano de Deus para a nossa vida. Soa complexo, mas é realmente simples. O plano de Deus é que todo cristão seja um embaixador de Cristo em algum lugar. Então, Ele nos equipa com tudo que é necessário para termos sucesso no papel que Ele nos designa. Nós nunca falharemos na vontade de Deus, porque Ele nos dá aquilo de que necessitamos para ter sucesso. Assim como o governo de uma nação é responsável por prover todos os recursos adequados de que seu embaixador necessita (moradia, alimentação, transporte, entretenimento, finanças etc.), o nosso Pai provê a cada um dos Seus embaixadores.

Os embaixadores políticos representam seu país de origem na nação em que vivem, defendendo e demonstrando seus valores e costumes, e promovendo seus interesses. Eles têm visibilidade na vida social do país para onde são enviados, mas sempre tentam representar de maneira cativante o que distingue o seu país de origem.

O propósito do embaixador é mostrar, ao povo e ao governo da nação para a qual foi designado, o melhor do seu país de origem. Ele não está sujeito às leis da nação anfitriã; ele tem o que é denominado imunidade diplomática. Bons embaixadores não infringem as leis da nação anfitriã, a menos que estas entrem em conflito direto com uma lei superior existente na autoridade de origem. Embora sirvam em uma nação estrangeira, eles permanecem sob a autoridade suprema da sua nação de origem. A nação de origem aceita a responsabilidade pela segurança dos seus embaixadores enquanto eles servem.

Os embaixadores servem durante certo período, depois são chamados de volta. Eles não se tornam cidadãos da nação onde servem, porque são residentes temporários. Quando são chamados de volta, seu desempenho é avaliado. Os que serviram bem recebem recompensas e elogios por um trabalho bem-feito. De semelhante modo, no fim do mandato de um cristão como embaixador, Cristo dirá "Muito bem, servo bom e fiel! [...] Venha e participe da alegria do seu senhor!" (Mateus 25:21).

É claro que o ritmo agitado da vida contemporânea e as distrações vindas do nosso inimigo lutam contra o nosso verdadeiro e eterno propósito. O diabo sabe que não pode roubar a nossa salvação, mas fará o possível para manchar nosso serviço e minimizar a nossa eficácia. O compromisso com a jornada diária com Cristo é a nossa base para uma embaixada de sucesso e o elogio do nosso Rei. E seguimos os passos dos heróis da nossa fé, aqueles que nos precederam. Como eles, somos estrangeiros e peregrinos nesta terra, e estamos aqui durante um período para servir ao nosso Rei. Mais adiante, receberemos aquilo que agora só podemos imaginar:

> Nem olhos viram, nem ouvidos ouviram,
> nem jamais penetrou em coração humano
> o que Deus tem preparado para aqueles que o amam.
> (1 Coríntios 2:9 (ARA))

Empenhe-se, escolhido. Empenhe-se, senhor Embaixador ou senhora Embaixatriz. Pelo Rei e pelo Seu reino, empenhe-se!

61 | S T Q Q S S D

DATA ▸ _____

Peso ▸ _____ Exercícios ▸ _____

Leitura Bíblica ▸ _____

Leitura Adicional ▸ _____

Bênção Nº ▸ _____

Obrigado, Pai, por ▸ _____

_____
_____
_____
_____
_____
_____

Carta para Deus ▸ _____

_____
_____
_____
_____
_____
_____
_____
_____
_____
_____
_____
_____

> "Portanto, vão e façam discípulos de todas as nações, batizando-os em nome do Pai e do Filho e do Espírito Santo, ensinando-os a obedecer a tudo o que eu lhes ordenei. E eu estarei sempre com vocês, até o fim dos tempos."
>
> — MATEUS 28:19-20

62 S T Q Q S S D

DATA ▸ _____

Peso ▸ _____   Exercícios ▸ _____

Leitura Bíblica ▸ _____

Leitura Adicional ▸ _____

Bênção Nº ▸ _____

Obrigado, Pai, por ▸ _____
_____
_____
_____
_____
_____
_____

Carta para Deus ▸ _____
_____
_____
_____
_____
_____
_____
_____
_____
_____
_____
_____

> "Como prisioneiro no Senhor, rogo-lhes que vivam de maneira digna da vocação que receberam. [...] Façam todo o esforço para conservar a unidade do Espírito pelo vínculo da paz. Há um só corpo e um só Espírito, assim como a esperança para a qual vocês foram chamados é uma só."
>
> **EFÉSIOS 4:1,3**

DIA 63 — **A HORA MAIS IMPORTANTE**

63 [S] [T] [Q] [Q] [S] [S] [D]

DATA ▸ _____

Peso ▸ _____   Exercícios ▸ _____

Leitura Bíblica ▸ _____

Leitura Adicional ▸ _____

Bênção N° ▸ _____

Obrigado, Pai, por ▸ _____
_____
_____
_____
_____
_____
_____

Carta para Deus ▸ _____
_____
_____
_____
_____
_____
_____
_____
_____
_____
_____
_____
_____

> *Ouça, ó Israel: O Senhor, o nosso Deus, é o único Senhor. Ame o Senhor, o seu Deus, de todo o seu coração, de toda a sua alma e de todas as suas forças."*
>
> — DEUTERONÔMIO 6:4-5

DIA 64 — A HORA MAIS IMPORTANTE

64 | S | T | Q | Q | S | **S** | **D** |

DATA ▸ _____

Peso ▸ _____ Exercícios ▸ _____

Leitura Bíblica ▸ _____

Leitura Adicional ▸ _____

Bênção Nº ▸ _____

Obrigado, Pai, por ▸ _____

Carta para Deus ▸ _____

DIA 64 — A HORA MAIS IMPORTANTE

> "No princípio Deus criou os céus e a terra.
> Era a terra sem forma e vazia; trevas cobriam a face do abismo,
> e o Espírito de Deus se movia sobre a face das águas."
>
> — GÊNESIS 1:1-2

DIA 65 — A HORA MAIS IMPORTANTE

65 | S | T | Q | Q | S | **S** | **D** |

DATA ▶ _____

Peso ▶ _____   Exercícios ▶ _____

Leitura Bíblica ▶ _____

Leitura Adicional ▶ _____

Bênção Nº ▶ _____

Obrigado, Pai, por ▶ _____
_____
_____
_____
_____
_____
_____

Carta para Deus ▶ _____
_____
_____
_____
_____
_____
_____
_____
_____
_____
_____
_____
_____

> Rute, porém, respondeu: 'Não insistas comigo que te deixe e não mais a acompanhe. Aonde fores irei, onde ficares ficarei! O teu povo será o meu povo e o teu Deus será o meu Deus! Onde morreres morrerei, e ali serei sepultada.'
>
> — RUTE 1:16-17

DIA 66 — A HORA MAIS IMPORTANTE

66 | S | T | Q | Q | S | **S** | **D** |

DATA ▸ _____

Peso ▸ _____ Exercícios ▸ _____

Leitura Bíblica ▸ _____

Leitura Adicional ▸ _____

Bênção Nº ▸ _____

Obrigado, Pai, por ▸ _____
_____
_____
_____
_____
_____
_____
_____

Carta para Deus ▸ _____
_____
_____
_____
_____
_____
_____
_____
_____
_____
_____
_____
_____
_____
_____

> Então ouvi uma voz do céu dizendo: 'Escreva: Felizes os mortos que morrem no Senhor de agora em diante'. Diz o Espírito: 'Sim, eles descansarão das suas fadigas, pois as suas obras os seguirão.'"
>
> APOCALIPSE 14:13

DIA 67 — A HORA MAIS IMPORTANTE

67 | S | T | Q | Q | S | S | D |

DATA ▸ _____

Peso ▸ _____   Exercícios ▸ _____

Leitura Bíblica ▸ _____

Leitura Adicional ▸ _____

Bênção Nº ▸ _____

Obrigado, Pai, por ▸ _____
_____
_____
_____
_____
_____

Carta para Deus ▸ _____
_____
_____
_____
_____
_____
_____
_____
_____
_____

> "Se afirmarmos que temos comunhão com ele, mas andamos nas trevas, mentimos e não praticamos a verdade. Se, porém, andamos na luz, como ele está na luz, temos comunhão uns com os outros, e o sangue de Jesus, seu Filho, nos purifica de todo pecado."
>
> — 1 JOÃO 1:6-7

DIA 68 — A HORA MAIS IMPORTANTE

68 | S | T | Q | Q | S | **S** | **D** |

DATA ▶ _____

Peso ▶ _____ Exercícios ▶ _____

Leitura Bíblica ▶ _____

Leitura Adicional ▶ _____

Bênção Nº ▶ _____

Obrigado, Pai, por ▶ _____
_____
_____
_____
_____
_____
_____

Carta para Deus ▶ _____
_____
_____
_____
_____
_____
_____
_____
_____
_____
_____
_____
_____

> *"As tuas mãos me fizeram e me formaram;
> dá-me entendimento para aprender os teus mandamentos."*
>
> — SALMOS 119:73

DIA 69

A HORA MAIS IMPORTANTE

69 | S | T | Q | Q | S | **S** | **D** |

DATA ▸ _____

Peso ▸ _____   Exercícios ▸ _____

Leitura Bíblica ▸ _____

Leitura Adicional ▸ _____

Bênção Nº ▸ _____

Obrigado, Pai, por ▸ _____

Carta para Deus ▸ _____

> **De fato, a piedade com contentamento é grande fonte de lucro, pois nada trouxemos para este mundo e dele nada podemos levar."**
>
> ---
>
> 1 TIMÓTEO 6:6-7

DIA 70 — A HORA MAIS IMPORTANTE

70 | S | T | Q | Q | S | **S** | **D** |

DATA ▸ _____

Peso ▸ _____ Exercícios ▸ _____

Leitura Bíblica ▸ _____

Leitura Adicional ▸ _____

Bênção Nº ▸ _____

Obrigado, Pai, por ▸ _____
_____
_____
_____
_____
_____
_____

Carta para Deus ▸ _____
_____
_____
_____
_____
_____
_____
_____
_____
_____
_____
_____
_____
_____

> *Porque a graça de Deus se manifestou salvadora a todos os homens. Ela nos ensina a renunciar à impiedade e às paixões mundanas e a viver de maneira sensata, justa e piedosa nesta era presente, enquanto aguardamos a bendita esperança: a gloriosa manifestação de nosso grande Deus e Salvador, Jesus Cristo."*
>
> — TITO 2:11-13

71 S T Q Q S **S D**

DATA ▶ _____

Peso ▶ _____ Exercícios ▶ _____

Leitura Bíblica ▶ _____

Leitura Adicional ▶ _____

Bênção N° ▶ _____

Obrigado, Pai, por ▶ _____
_____
_____
_____
_____
_____
_____

Carta para Deus ▶ _____
_____
_____
_____
_____
_____
_____
_____
_____
_____
_____
_____
_____

DIA 71 — A HORA MAIS IMPORTANTE

> **❝**
>
> *Por que vocês me chamam 'Senhor, Senhor' e não fazem o que eu digo?"*
>
> —
>
> LUCAS 6:46

72 ⬛ S T Q Q S **S D**

DATA ▸ _____

Peso ▸ _____   Exercícios ▸ _____

Leitura Bíblica ▸ _____

Leitura Adicional ▸ _____

Bênção Nº ▸ _____

Obrigado, Pai, por ▸ _____

Carta para Deus ▸ _____

> *Um novo mandamento lhes dou: Amem-se uns aos outros. Como eu os amei, vocês devem amar-se uns aos outros. Com isso todos saberão que vocês são meus discípulos, se vocês se amarem uns aos outros."*
>
> — JOÃO 13:34-35

DIA 73 — **A HORA MAIS IMPORTANTE**

73   S T Q Q S S D   **DATA** ▸ _____

Peso ▸ _____   Exercícios ▸ _____

Leitura Bíblica ▸ _____

Leitura Adicional ▸ _____

Bênção Nº ▸ _____

Obrigado, Pai, por ▸ _____
_____
_____
_____
_____
_____

Carta para Deus ▸ _____
_____
_____
_____
_____
_____
_____
_____
_____
_____
_____

> *Porque a sabedoria deste mundo é loucura aos olhos de Deus. Pois está escrito: 'Ele apanha os sábios na astúcia deles.'"*
>
> — 1 CORÍNTIOS 3:19

74 | S | T | Q | Q | S | **S** | **D** | DATA ▸ _____

Peso ▸ _____   Exercícios ▸ _____

Leitura Bíblica ▸ _____

Leitura Adicional ▸ _____

Bênção Nº ▸ _____

Obrigado, Pai, por ▸ _____
_____
_____
_____
_____
_____
_____

Carta para Deus ▸ _____
_____
_____
_____
_____
_____
_____
_____
_____
_____
_____
_____

> "Disse Jesus aos judeus que haviam crido nele:
> 'Se vocês permanecerem firmes na minha palavra,
> verdadeiramente serão meus discípulos.
> E conhecerão a verdade, e a verdade os libertará.'"
>
> ---
> JOÃO 8:31-32

75 S T Q Q S **S** **D**

DATA ▶ _____

Peso ▶ _____ Exercícios ▶ _____

Leitura Bíblica ▶ _____

Leitura Adicional ▶ _____

Bênção Nº ▶ _____

Obrigado, Pai, por ▶ _____
_____
_____
_____
_____
_____
_____

Carta para Deus ▶ _____
_____
_____
_____
_____
_____
_____
_____
_____
_____
_____
_____
_____

> *Não trabalhem pela comida que se estraga, mas pela comida que permanece para a vida eterna, a qual o Filho do homem lhes dará. Deus, o Pai, nele colocou o seu selo de aprovação."*
>
> — JOÃO 6:27

76 S T Q Q S S D

DATA ▶ _____

Peso ▶ _____ Exercícios ▶ _____

Leitura Bíblica ▶ _____

Leitura Adicional ▶ _____

Bênção Nº ▶ _____

Obrigado, Pai, por ▶ _____
_____
_____
_____
_____
_____

Carta para Deus ▶ _____
_____
_____
_____
_____
_____
_____
_____
_____
_____
_____
_____

DIA 76 — A HORA MAIS IMPORTANTE

> O Espírito dá vida; a carne não produz nada que se aproveite. As palavras que eu lhes disse são espírito e vida."
>
> — JOÃO 6:63

DIA 77 — A HORA MAIS IMPORTANTE

77 | S | T | Q | Q | S | **S** | **D** |

DATA ▸ _____

Peso ▸ _____   Exercícios ▸ _____

Leitura Bíblica ▸ _____

Leitura Adicional ▸ _____

Bênção Nº ▸ _____

Obrigado, Pai, por ▸ _____
_____
_____
_____
_____
_____

Carta para Deus ▸ _____
_____
_____
_____
_____
_____
_____
_____
_____
_____
_____

> "Não entristeçam o Espírito Santo de Deus,
> com o qual vocês foram selados para o dia da redenção."
>
> — EFÉSIOS 4:30

DIA 78 — A HORA MAIS IMPORTANTE

78 S T Q Q S **S** **D**

DATA ▸ _____

Peso ▸ _____   Exercícios ▸ _____

Leitura Bíblica ▸ _____

Leitura Adicional ▸ _____

Bênção Nº ▸ _____

Obrigado, Pai, por ▸ _____
_____
_____
_____
_____
_____
_____

Carta para Deus ▸ _____
_____
_____
_____
_____
_____
_____
_____
_____
_____
_____
_____

> *A tua palavra é lâmpada que ilumina os meus passos e luz que clareia o meu caminho."*
>
> — SALMOS 119:105

DIA 79 — A HORA MAIS IMPORTANTE

79 | S | T | Q | Q | S | **S** | **D** |

DATA ▸ _____

Peso ▸ _____ Exercícios ▸ _____

Leitura Bíblica ▸ _____

Leitura Adicional ▸ _____

Bênção Nº ▸ _____

Obrigado, Pai, por ▸ _____
_____
_____
_____
_____
_____

Carta para Deus ▸ _____
_____
_____
_____
_____
_____
_____
_____
_____
_____

DIA 79 — A HORA MAIS IMPORTANTE

> " Quando os crimes não são castigados logo,
> o coração do homem se enche de planos para fazer o mal."
>
> ECLESIASTES 8:11

DIA 80 — A HORA MAIS IMPORTANTE

80 | S | T | Q | Q | S | D |

DATA ▸ _____

Peso ▸ _____ Exercícios ▸ _____

Leitura Bíblica ▸ _____

Leitura Adicional ▸ _____

Bênção Nº ▸ _____

Obrigado, Pai, por ▸ _____
_____
_____
_____
_____
_____
_____

Carta para Deus ▸ _____
_____
_____
_____
_____
_____
_____
_____
_____
_____
_____
_____
_____

DIA 80 — A HORA MAIS IMPORTANTE

> "A relva murcha, e as flores caem,
> mas a palavra de nosso Deus permanece para sempre."
>
> —
> ISAÍAS 40:8

DIA 81 — A HORA MAIS IMPORTANTE

81 S T Q Q S **S D**

DATA ▸ _____

Peso ▸ _____   Exercícios ▸ _____

Leitura Bíblica ▸ _____

Leitura Adicional ▸ _____

Bênção Nº ▸ _____

Obrigado, Pai, por ▸ _____
_____
_____
_____
_____
_____

Carta para Deus ▸ _____
_____
_____
_____
_____
_____
_____
_____
_____
_____
_____
_____

DIA 81 — A HORA MAIS IMPORTANTE

> **"** Mas alguém dirá: 'Você tem fé; eu tenho obras'. Mostre-me a sua fé sem obras, e eu lhe mostrarei a minha fé pelas obras. [...] Assim como o corpo sem espírito está morto, também a fé sem obras está morta."
>
> — TIAGO 2:18,26

DIA 82 — A HORA MAIS IMPORTANTE

82 | S | T | Q | Q | S | S | D |

DATA ▸ _____

Peso ▸ _____ Exercícios ▸ _____

Leitura Bíblica ▸ _____

Leitura Adicional ▸ _____

Bênção Nº ▸ _____

Obrigado, Pai, por ▸ _____

Carta para Deus ▸ _____

> "Mas a sabedoria que vem do alto é antes de tudo pura; depois, pacífica, amável, compreensiva, cheia de misericórdia e de bons frutos, imparcial e sincera."
>
> — TIAGO 3:17

DIA 83 — A HORA MAIS IMPORTANTE

83 S T Q Q S **S D**

DATA ▸ _____

Peso ▸ _____   Exercícios ▸ _____

Leitura Bíblica ▸ _____

Leitura Adicional ▸ _____

Bênção Nº ▸ _____

Obrigado, Pai, por ▸ _____
_____
_____
_____
_____
_____

Carta para Deus ▸ _____
_____
_____
_____
_____
_____
_____
_____
_____
_____
_____

> "Se algum de vocês tem falta de sabedoria, peça-a a Deus, que a todos dá livremente, de boa vontade; e lhe será concedida."
>
> — TIAGO 1:5

DIA 84 — A HORA MAIS IMPORTANTE

84 S T Q Q S S D   **DATA** ▸ _____

Peso ▸ _____ Exercícios ▸ _____

Leitura Bíblica ▸ _____

Leitura Adicional ▸ _____

Bênção Nº ▸ _____

Obrigado, Pai, por ▸ _____
_____
_____
_____
_____
_____

Carta para Deus ▸ _____
_____
_____
_____
_____
_____
_____
_____
_____
_____
_____
_____

> "O sábio ouvirá e crescerá em conhecimento,
> e o entendido adquirirá sábios conselhos."
>
> — PROVÉRBIOS 1:5 (ACF)

DIA 85 — A HORA MAIS IMPORTANTE

85 S T Q Q S **S D** DATA ▶ _____

Peso ▶ _____   Exercícios ▶ _____

Leitura Bíblica ▶ _____

Leitura Adicional ▶ _____

Bênção Nº ▶ _____

Obrigado, Pai, por ▶ _____

Carta para Deus ▶ _____

> *Meu filho, não despreze a disciplina do Senhor nem se magoe com a sua repreensão, pois o Senhor disciplina a quem ama, assim como o pai faz ao filho de quem deseja o bem."*
>
> — **PROVÉRBIOS 3:11-12**

DIA 86 — A HORA MAIS IMPORTANTE

86 | S | T | Q | Q | S | S | D |

DATA ▶ _____

Peso ▶ _____ Exercícios ▶ _____

Leitura Bíblica ▶ _____

Leitura Adicional ▶ _____

Bênção Nº ▶ _____

Obrigado, Pai, por ▶ _____
_____
_____
_____
_____
_____
_____

Carta para Deus ▶ _____
_____
_____
_____
_____
_____
_____
_____
_____
_____
_____
_____
_____
_____

> "Fui crucificado com Cristo.
> Assim, já não sou eu quem vive, mas Cristo vive em mim.
> A vida que agora vivo no corpo, vivo-a pela fé no filho de Deus, que me amou e se entregou por mim."
>
> — GÁLATAS 2:20

DIA 87 — A HORA MAIS IMPORTANTE

87 | S | T | Q | Q | S | S | D |

DATA ▸ _____

Peso ▸ _____ Exercícios ▸ _____

Leitura Bíblica ▸ _____

Leitura Adicional ▸ _____

Bênção Nº ▸ _____

Obrigado, Pai, por ▸ _____
_____
_____
_____
_____
_____
_____

Carta para Deus ▸ _____
_____
_____
_____
_____
_____
_____
_____
_____
_____
_____
_____
_____

DIA 87 — A HORA MAIS IMPORTANTE

> *Mas receberão poder quando o Espírito Santo descer sobre vocês, e serão minhas testemunhas em Jerusalém, em toda a Judéia e Samaria, e até os confins da terra."*
>
> ATOS 1:8

DIA 88 — A HORA MAIS IMPORTANTE

88 | S | T | Q | Q | **S** | **D** |

DATA ▸ _____

Peso ▸ _____ Exercícios ▸ _____

Leitura Bíblica ▸ _____

Leitura Adicional ▸ _____

Bênção Nº ▸ _____

Obrigado, Pai, por ▸ _____
_____
_____
_____
_____
_____
_____
_____

Carta para Deus ▸ _____
_____
_____
_____
_____
_____
_____
_____
_____
_____
_____
_____
_____
_____

> "Portanto, agora já não há condenação para os que estão em Cristo Jesus [...] porque todos os que são guiados pelo Espírito de Deus são filhos de Deus."
>
> ROMANOS 8:1,14

DIA 89 — A HORA MAIS IMPORTANTE

89 | S | T | Q | Q | S | S | D |

DATA ▶ _____

Peso ▶ _____   Exercícios ▶ _____

Leitura Bíblica ▶ _____

Leitura Adicional ▶ _____

Bênção Nº ▶ _____

Obrigado, Pai, por ▶ _____

Carta para Deus ▶ _____

DIA 89 — A HORA MAIS IMPORTANTE

> "Quem vive segundo a carne tem a mente voltada para o que a carne deseja; mas quem, de acordo com o Espírito, tem a mente voltada para o que o Espírito deseja."
>
> — ROMANOS 8:5

DIA 90 — A HORA MAIS IMPORTANTE

90 | S | T | Q | Q | S | **S** | **D**

DATA ▸ _____

Peso ▸ _____ Exercícios ▸ _____

Leitura Bíblica ▸ _____

Leitura Adicional ▸ _____

Bênção Nº ▸ _____

Obrigado, Pai, por ▸ _____
_____
_____
_____
_____
_____
_____

Carta para Deus ▸ _____
_____
_____
_____
_____
_____
_____
_____
_____
_____
_____
_____
_____

> "Minha oração não é apenas por eles. Rogo também por aqueles que crerão em mim, por meio da mensagem deles, para que todos sejam um, Pai, como tu estás em mim e eu em ti. Que eles também estejam em nós, para que o mundo creia que tu me enviaste."
>
> — JOÃO 17:20-21

04

Uma Bifurcação na Nossa Estrada

Então, chegamos a uma bifurcação na estrada. A pergunta é "Continuaremos juntos?"

Eu tomarei o caminho que leva para cada vez mais perto de Jesus, por meio das disciplinas que temos discutido. Eu amei ter você comigo nesta jornada e adoraria que você continuasse comigo, mas essa escolha será sua. Como você escolherá? Que critérios você tem usado para avaliar as suas opções enquanto viajamos?

O investimento da sua primeira hora com Deus o ajudou a sentir-se mais próximo dele, mais íntimo?

Você tem uma estima ainda maior por Seu amor e Sua graça na sua vida?

Ele ajudou você a tomar algumas decisões difíceis? Você já as viu dar frutos?

A sua vida de oração está mais focada em pessoas e questões surgidas durante o seu tempo com Ele?

Você obteve da Sua Palavra *insights* úteis devido ao seu foco estratégico nela? Você os aplicou e viu frutos decorrentes de fazê-lo?

Você O ouviu falar com você de maneiras específicas e importantes enquanto fazia perguntas e esperava um pouco por uma resposta? Isso se tornou uma parte mais real da sua vida de oração?

Se em algum momento a sua resposta foi "sim", espero que você continue.

Porém, percebo que a vida fica cheia de afazeres e sei que o maligno quer distraí-lo. Ele quer que você faça qualquer outra coisa que não seja aproximar-se de Deus. Então, você terá de decidir. Seja qual for a sua decisão, amigo e amiga, foi uma honra viajar até aqui com você e lhe desejo o melhor de Deus. Que os resultados da sua escolha sejam refletidos no *bema* quando você vir o seu Mestre e o ouvir dizer "Muito bem, servo bom e fiel [...] herde o reino preparado para você desde a fundação do mundo".

Leituras sugeridas

Negócios

- *Empresas feitas para vencer: Por que algumas empresas alcançam a excelência... e outras não*, Jim Collins
- *Os 7 hábitos das pessoas altamente eficazes*, Stephen R. Covey
- *O mito do empreendedor*, Michael E. Gerber
- *Liderança baseada em princípios*, Stephen R. Covey
- *Liderar é uma arte*, Max De Pree
- *A paixão por excelência*, Tom Peters
- *A liderança espiritual*, Henry T. Blackaby & Richard Blackaby
- *A estratégia em ação — Balanced Scorecard*, Robert S. Kaplan & David P. Norton
- *Spark*, Frank Koller
- *The Great Game of Business: The Only Sensible Way to Run a Company*, Jack Stack

Desenvolvimento Pessoal Cristão

- *Permaneça em Cristo*, Andrew Murray
- *A videira verdadeira: Meditações para um mês em João 15:1-16*, Andrew Murray
- *A vida crucificada: Como viver uma experiência cristã mais profunda*, A.W. Tozer (e todas as obras de Tozer)
- *Como viveremos?*, Francis A. Schaeffer
- *A autobiografia de George Müller*, George Müller
- *O Deus de toda consolação*, Hannah Whitall Smith
- *O segredo do cristão para uma vida feliz*, Hannah Whitall Smith
- *Deuses falsos: As promessas vazias do dinheiro, sexo e poder, e a única esperança que realmente importa*, Timothy Keller
- *O segredo espiritual de Hudson Taylor*, Dr. & Sra. Howard Taylor
- *The Complete Fénelon*, François Fénelon
- *Days of Heaven Upon Earth*, A.B. Simpson
- *The Believer's Secret of the Abiding Presence: Compiled from the writings of Andrew Murray and Brother Lawrence*, Louis Gifford Parkhurst, Jr.

Do Autor

- *Uma luz brilha na Babilônia: um manual para empresários cristãos*, Buck Jacobs
- *I, Radical: God's Radical Business Through an Ordinary Man*, Buck Jacobs
- *A Christian Road Less Traveled: Seven Key Steps to Guide You on the Narrow Path to a Successful Christian Life*, Buck Jacobs

Biografia

Buck Jacobs

Buck Jacobs é um veterano com mais de 40 anos de atuação no ministério no mercado de trabalho, começando como praticante em 1973. Ele atuou como Diretor do Conselho e Vice-presidente de Vendas da The S.H. Mack & Co., que foi membro fundador da The Fellowship of Companies for Christ International (FCCI). Durante seus 10 anos na Mack Co., ele gerou um aumento de dez vezes nas vendas e foi fundamental no desenvolvimento global de um bem-sucedido negócio centrado em Cristo. Ele estava aprendendo e, simultaneamente, aplicando muitos dos métodos práticos e frutíferos de uma integrada e centrada em Cristo, no mercado de trabalho. Depois, Buck serviu na FCCI como Diretor Nacional de Treinamento e Coordenador Regional para o Estado da Flórida.

Buck fundou o C12, LLC, em 1992, que agora é a maior rede de CEOs e empresários cristãos do mundo, e permanece como membro do conselho. Ele escreveu vários livros, Uma Luz Brilha na Babilônia: Um Manual para Empresários Cristãos; *A Strategic Plan for Ministry; I, Radical: The Story of a Radical God's Work through an Ordinary Man; The Parable of the Janitor and the CEO;* e *A Christian Road Less Traveled: Seven Key Steps to Guide You on the Narrow Path to a Successful Christian Life.*

A experiência anterior de Buck inclui:
- Diretor Geral (CEO) da Sta-Power Italia, Spa., fornecedora de produtos químicos automotivos, baseada em Roma, Itália
- CEO do Executive Development Institute, com responsabilidade por 20 escritórios distritais, 50 instrutores de vendas e 8.000 vendedores diretos
- Presidente e Diretor da R.G. Haskins/N.A. Strand Corp., fabricante de ferramentas mecânicas especiais

Buck vive em Demorest, Georgia, e é feliz em seu casamento com Bonnie. Eles têm três lindas filhas, cinco netos "muito acima da média" e uma neta que dá muita vontade de abraçar.

Testemunhos

Bart Azzarelli, Proprietário, Dallas 1 Corporation

Após entregar minha vida a Jesus Cristo em 20 de outubro de 1985, eu quis caminhar mais profundamente com Ele. Um bom amigo me contou sobre a Fellowship of Companies for Christ International (FCCI), que se reunia semanalmente no Harbour Island Hotel Restaurant. Associei-me imediatamente e me envolvi em aprender como administrar os negócios de Deus para Sua glória. Lembro-me de que, durante uma de nossas conferências de inverno, Buck Jacobs se dirigiu à assembleia e fez uma declaração semelhante a essa: "Se alguém aqui se dispuser a passar a primeira hora de seu dia com o nosso Senhor em um período de silêncio diário durante 90 dias e, depois disso, achar que não valeu o tempo despendido, eu lhe pagarei duas semanas de férias em qualquer lugar da Flórida". Eu aceitei aquele desafio; férias grátis de duas semanas pareciam ótimas! Bem, nunca tirei as férias, porque aquela foi, e é, a hora mais importante da minha vida cotidiana. Hoje foi o 11.045º dia que passei com o meu melhor amigo, Jesus Cristo. Posso dizer, sem duvidar, que é a melhor hora de cada dia e espero, cada vez mais ansiosamente, chegar o meu tempo a sós com Jesus. Obrigado, Buck, por seu incentivo e amizade ao longo dos muitos anos que compartilhamos como irmãos em Cristo.

Lilian Radke, Presidente, Unic Pro Inc.

Me tornei membro do C12 em janeiro de 2015. Em uma de minhas primeiras reuniões, um membro recomendou que eu assistisse ao vídeo "primeira hora", de Buck. Várias vezes eu havia ouvido falar sobre a importância dos devocionais, mas aquilo costumava ser mais como uma "tarefa automática" diante das muitas outras. Eu não entendia completamente o significado de um tempo a sós com o Senhor. Depois de ouvir Buck falar sobre isso em outras conferências, senti que todas as minhas desculpas haviam acabado e meu tempo com o Senhor devia ser a minha prioridade — ponto final. Eu diria que, hoje, não conseguiria ser esposa, mãe e CEO de 260 funcionários sem priorizar o meu tempo com o Senhor. Teria medo de administrar uma empresa e tomar decisões sem esse tempo. Tenho muitas histórias do meu tempo matinal sendo refletido em algo que aconteceu naquele mesmo dia! Louvado seja o Senhor por Buck Jacobs e o C12!

Jay Strickland, *Fundador e CEO, WingSwept*

Aproximadamente 546 dias atrás, assisti ao vídeo de Buck sobre hora mais importante do nosso dia. Aquele dia iniciou para mim uma sequência ininterrupta diária de passar tempo de qualidade com o Senhor e a Palavra. Meus hábitos matinais variaram, mas aprendi a programar a minha vida colocando isso em primeiro lugar, quer minha primeira reunião seja no escritório às 9 da manhã ou eu precise estar no aeroporto, do outro lado da cidade, para um voo às 6 da manhã.

Meu primeiro teste disso aconteceu alguns meses após iniciar a jornada, quando precisei dirigir até Washington, DC, para uma viagem de um dia que duraria quatro horas para ir e outras quatro para voltar. Para chegar na hora, eu precisaria sair às 6 da manhã e só voltaria para casa bem tarde. Eu estava preocupado por poder estar demasiadamente cansado para dirigir na volta se acordasse cedo, mas não cedi. Acordei às 4:30 da manhã para o meu tempo devocional. Apesar de um dia fatigante, não me cansei e venci facilmente mais de oito horas de direção e cinco horas na empresa do cliente. Desde então, tem sido fácil saber que estou colocando em primeiro lugar o meu tempo com o Senhor e a Sua Palavra!

Nas viagens de caça ou de acampamento, sempre ocorre o mesmo. Eu era membro do C12 havia nove anos e tinha (na melhor das hipóteses) um momento devocional esporádico até perceber a importância de colocar isso em primeiro lugar, agendando todas as demais atividades em segundo lugar. Isso tem sido profissional e pessoalmente transformador, de inúmeras maneiras. Eu nunca tive facilidade para citar a Bíblia, e às vezes ainda preciso parafrasear, mas sempre fico feliz em correlacionar situações e conselhos à Bíblia, na qual estou muito mais confiante hoje em dia, após ler numerosas vezes muitas partes das Escrituras (sempre aprendendo algo novo ao longo do caminho).

Martin Newby, *Presidente do Conselho de Administração, LoveServes International*

Quando Buck e eu nos conhecemos, cerca de 39 anos atrás, eu era um cristão recente e ele era exuberante em sua caminhada com Jesus. Não era oficial, mas, recordando, ele se tornou meu mentor, modelo e conselheiro — eu estava precisando dos três!

Uma das minhas maiores revelações veio de seu conselho para eu começar a ter um tempo de devocional diário. Tornou-se evidente que isso era muito mais difícil de dominar do que parecia, porque o maligno não quer que os seguidores de Cristo tenham comunhão com o Pai todos os dias e usará muitas desculpas para justificar por que eu posso adiar até amanhã. Tudo eram mentiras, é claro. Pela maravilhosa graça de Deus e o incentivo de Buck, continuei. Minha primeira hora de cada dia é com o Pai, em oração, lendo Suas palavras de instrução, escutando e escrevendo no diário. Registrar no diário se tornou um professor muito melhor do que eu esperava. A minha mente desacelera enquanto estou escrevendo os meus pensamentos e confessando os meus pecados, permitindo-me ouvir o Espírito Santo falar e revelar pecados que eu não havia considerado antes.

Jesus se levantava cedo para dedicar tempo ao Seu Pai para receber instruções, e eu aprendi que preciso fazer o mesmo. Estes dias são fugazes, Jesus está voltando em breve e os perdidos não têm esperança. Precisamos cuidar dos negócios do Pai, e isso começa pela comunhão com Ele como nossa prioridade número um inegociável! Minha permanência diária revelou o plano de sucessão de Deus para a nossa empresa e meu novo foco na próxima fase da minha vida — compartilhar com pessoas que pensam da mesma forma, a grandiosa obra que Deus está fazendo na República Dominicana e na Guatemala. Obrigado, Jesus, por revelar os Teus planos para mim!

Tom Rains, Chair do C12, Tennessee Valley

Você já enfrentou desafios quanto a priorizar sabiamente as frequentemente demasiadas tarefas críticas que enfrenta todos os dias? Nunca haverá tempo suficiente para fazer tudo que você assume para si, muito menos para todas aquelas coisas que os outros alocam ao seu escasso tempo. Como você decide o que é mais importante, o que deve ser feito primeiro, o que deve ser adiado para outra hora ou outro dia, e o que deve ser abandonado? De quem você cuida primeiro e por quê? Agora, aos 70 e poucos anos de idade, vejo que ainda não há tempo suficiente para fazer tudo — certamente, não com a excelência que me ensinaram a perseguir.

Hoje foi o meu 6.713º dia de tempo a sós com Deus e registro no diário. Graças a Buck Jacobs e seu ensino sobre "a hora mais importante", já são muitos anos frutíferos desde que lutei para ter clareza acerca de como Deus quer que eu passe o meu dia. Estou confiante de que você também terá essa clareza se seguir as recomendações de Buck. Então, mergulhe e aceite o desafio dele. Se você deseja desenvolver e manter um relacionamento com a "pessoa" mais importante da sua vida, dedique a primeira hora do seu dia a Ele. Assim como comigo e tantos outros, você nunca se arrependerá.